LaTeX

kurz & gut

Karsten Günther, Matthias Kalle Dalheimer

O'REILLY®

Beijing · Cambridge · Farnham · Köln · Paris · Sebastopol · Taipei · Tokyo

Kommentare und Fragen können Sie gerne an uns richten:
O'Reilly Verlag
Balthasarstr. 81
50670 Köln
Tel.: 0221/9731600
Fax: 0221/9731608
E-Mail: kommentar@oreilly.de

Copyright der deutschen Ausgabe:
© 2008 by O'Reilly Verlag GmbH & Co. KG

3. Auflage 2008

Bibliografische Information Der Deutschen Bibliothek

Die Deutsche Bibliothek verzeichnet diese Publikation in der Deutschen Nationalbibliografie; detaillierte bibliografische Daten sind im Internet über *http://dnb.ddb.de* abrufbar.

Lektorat: Volker Bombien, Köln
Korrektorat: Eike Nitz, Köln
Satz: Karsten Günther, Elmshorn
Umschlaggestaltung: Linda Palo, Sebastopol und Michael Oreal
Produktion: Andrea Miß, Köln
Druck: fgb freiburger graphische betriebe, *www.fgb.de*

ISBN 978-3-89721-542-9

Inhalt

LaTeX – kurz & gut

Einleitung

LaTeX ist ein Textsatzsystem, das heutzutage für fast alle Computer existiert, vom kleinen PC bis zum Großrechner. Im Gegensatz zu Textverarbeitungen à la WordPerfect, die den geschriebenen Text sofort in seiner (fast) endgültigen Formatierung anzeigen, werden bei LaTeX so genannte Markup-Anweisungen in den Text hineingeschrieben. LaTeX (oder genauer das von Donald E. Knuth entwickelte Satzsystem TeX) interpretiert die LaTeX-Makros und erzeugt dann aus diesem so markierten Text eine DVI-Datei (Device Independent File), die wiederum von weiteren Programmen für das jeweilige Ausgabegerät aufbereitet wird. LaTeX erreicht im Gegensatz zu normalen Textverarbeitungen immer die maximale Ausgabequalität des jeweiligen Geräts; auch mit vergleichsweise billigen Druckern lassen sich sehr ansprechende Ergebnisse erzielen.

Ein weiteres Merkmal von LaTeX ist der Einsatz »logischer« statt »physikalischer« Formatierung. Ein Text wird also z. B. nicht als »fett, 12-Punkt-Schrift, zentriert« formatiert, sondern als »Kapitelüberschrift«. Der Benutzer muss sich also keine Gedanken darüber machen, welche Schriftgrößen oder sonstigen Auszeichnungen er verwenden soll, da diese bereits von erfahrenen Textdesignern ausgewählt wurden. Maxime bei LaTeX ist dabei, dass ein Text nicht nur schön, sondern vor allen Dingen gut lesbar sein soll, denn er soll ja verstanden und nicht in einem Museum aufgehängt werden.

Auf Unix-Systemen ist normalerweise ein LaTeX-System bereits integriert; auf anderen Rechnern muss es nachträglich installiert werden. LaTeX kann kostenlos von den Servern des Comprehensive TeX Archive Network (CTAN) bezogen werden, beispielsweise vom FTP-Server der Deutschen Anwendervereinigung TeX (DANTE) e.V. unter der Adresse *ftp://ftp.dante.de/tex-archive*.

Vor einigen Jahren wurde die LaTeX-Version 2.09 durch die deutlich vereinheitlichte und verbesserte Version 2_ϵ abgelöst. Dieses Buch behandelt nur LaTeX 2_ε.

Eine Referenz wie diese kann naturgemäß keine erschöpfende Auskunft zu allen TeX- und LaTeX 2_ε-Befehlen geben. Insbesondere sind nur wenige der vielen Zusatzpakete beschrieben. Wenn Sie nähere Informationen zu einem hier beschriebenen Befehl benötigen oder aber Informationen zu einem nicht erwähnten Zusatzpaket, empfehlen wir Ihnen die Bücher [2] und die LaTeX-Hacks ([3]) von Anselm Lingnau. Fortgeschrittene Anwender kennen natürlich die Bücher von Michel Goossens, Frank Mittelbach, Sebastian Rahtz und Alexander Samarin, erschienen bei Addison-Wesley, die teilweise *sehr* detailliert spezielle Fragen behandeln.

Konventionen in diesem Buch

Verschiedenen LaTeX-Konstrukte sind wie folgt dargestellt.

Befehle (Makros)
    Nichtproportionalschrift - \emph - und müssen so im Quelltext stehen. Achten Sie *unbedingt* auf die Klammern, die Argumente der Makros einschließen oder Gruppen bilden; sie verursachen etwa 70 bis 90% aller Fehler in LaTeX-Quelltexten.

Dokumentklassen und Makropakete
    klasse zeigt Namen von .cls-Dateien, paket den von .sty-Files.

Optionen (optionale Parameter/Argumente)
    Diese wahlweise anzugebenden Argumente erscheinen hier grau. LaTeX verwendet normalerweise eckige Klammern, um optionale Parameter einzugrenzen, diese *müssen unbedingt mit angegeben werden*.

Eingaben
   In Beispielen kennzeichnet die Nichtproportionalschrift `Ein-`
   oder `Ausgaben`.

Umgebungen
   Die Nichtproportionalschrift zwischen geschweiften Klammern
   - `{itemize}` - zeigt den Namen der Umgebungen.

Dateien und URLs
   `files` sind so dargestellt, *URLs* in dieser Form.

Zähler, Längen
   Numerische Variablen wie Counter (Zähler: `counter`) oder Längen (`\length`) erscheinen wie hier dargestellt.

Optionale Argumente von Makros stehen normalerweise zwischen
eckigen Klammern. Sie dürfen (inklusive dieser Klammern) weggelassen werden und müssen nur dann angegeben werden, wenn eine
andere als die voreingestellte Aktion erfolgen soll.

LaTeX starten

Der Aufruf der einzelnen Programme eines LaTeX-Systems ist von
der jeweiligen Systemumgebung abhängig. In jeder Installation sollte
ein so genannter »local guide« zur Verfügung stehen, der die Details
beschreibt. Tatsächlich ähneln sich die Systeme aber sehr, so dass
wir hier einige Beispiele geben können. Zugrunde liegen dabei die
Aufrufkonventionen, wie sie in der Unix-Welt üblich sind, und die
auch für DOS-Systeme gelten. Jeweils ein Befehl (eventuell mit einer
oder mehreren Optionen und/oder Argumenten) führt dabei eine
Aktion durch. Getrennt werden Befehl und Option/Argument durch
mindestens ein Leerzeichen.

Im PC-Bereich gibt es oft auch spezielle Benutzeroberflächen zur
»Bedienung« von LaTeX, diese sind aber zu verschieden, um sie hier
anzusprechen. Teilweise umfassen sie Editoren, teilweise handel tes
sich um so genannte TeX-Shells.

Übersetzen mit `latex` oder `pdflatex`

Mit der Befehlszeile `latex` *latexdatei* startet die Übersetzung der Datei *latexdatei.tex* (eines LaTeX-Quelltextes). Wir bezeichnen die Eingabedateien als Quelltexte, da sie neben dem Text auch die Formatierungen in Form von Makros und Umgebungen enthalten, ganz analog zu »normalen« Programmen. Als Ausgabedatei wird in dem Beispiel oben vermutlich (abhängig vom System und auch vom Quelltext) eine DVI-Datei (Device Independent File) erzeugt. Das ist ein leistungsfähiges Format, das sich anzeigen, drucken und konvertieren lässt, beispielsweise nach PDF. Dieses Ausgabeformat lässt sich in den meisten Fällen auch direkt erzeugen, durch den Aufruf `pdflatex` `latexdatei`.

Achtung: Obwohl `latex` und `pdflatex` weitgehend kompatibel sind, gibt es auch einige Unterschiede, die unbedingt beim Erstellen der Quelltexte berücksichtigt werden müssen. Bei den Optionen für Makropakete muss oft `pdftex` (zusätzlich oder alternativ, etwa so: `\usepackage[dvips,pdftex]{graphicx}`) angegeben werden. Das Einbinden von Grafikdateien ändert sich: Das oft eingesetzte EPS-Format (Encapsulated PostScript) unterstützt `pdflatex` *nicht*, wohl aber das leicht daraus erzeugbare PDF.

Am einfachsten geht das mit `convert` (aus der ImageMagick-Suite):

```
$ convert grafik.eps grafik.pdf
```

Sind bei der Bearbeitung Fehler in Quelltext aufgetreten, zeigt der Übersetzer (Compiler) das so an:

```
! Undefined control sequence.
l.256 \Fehler
```

`! Undefined control sequence.` bezeichnet die Art des Fehlers, `l.256 \Fehler` den Ort im Quelltext. Hier ist in der Zeile 256 das Makro `\Fehler` nicht korrekt (weil nicht definiert).

Zur interaktiven Bearbeitung gibt es die folgenden Möglichkeiten:

[Eingabetaste]
> Diesen Fehler überspringen und weiterarbeiten.

[h]
> Hilfen zum Fehler anzeigen.

---

[x]
> Abbruch der Übersetzung.

[s]
> Die weiteren Fehlermeldungen ohne anzuhalten ausgeben.

[r]
> Die Übersetzung ohne Halt fortsetzen.

[q]
> Die Bearbeitung ohne Halt und Ausgaben fortsetzen.

[i]
> Beliebigen Text (auch LaTeX-Befehle!) einfügen.

[e]
> Einen Editor mit dieser Zeile starten und die LaTeX-Datei editieren.

[1]...[9]
> Die nächsten 1 bis 9 Token im Quelltext überspringen.

LaTeX erzeugt bei der Übersetzung eine Reihe von Hilfsdateien, die auf .aux, .toc, .lof usw. enden. Viele dieser Dateien enthalten Metadaten. LaTeX liest sie bei der nächsten Übersetzung erneut ein und verarbeitet dann die darin enthaltenen Informationen. Dies erklärt die Meldung, die oft am Ende einer Übersetzung erscheint: Re-run to get references right.

Wichtige Optionen für pdftex

Wichtige Befehlszeilenoptionen von PDFTeX (PDFLaTeX) sind:

-draftmode
> Setzt \pdfdraftmode und verhindert so, das pdfTeX eine neue PDF-Ausgabedatei erzeugt oder eingebundene Grafiken liest.

-file-line-error
> Erzeugt Fehlermeldungen in der Form *file:line:error*, wie das viele andere Compiler tun, weshalb sie sich mit anderen Tools oft besser auswerten lassen.

-fmt *Format*

Verwendet das angegebene *Format*, als ob das Programm in der Befehlszeile mit &*Format* aufgerufen wäre.

-halt-on-error

Beendet die Bearbeitung bei Fehlern mit einem Rückgabewert ungleich Null.

-help

Zeigt nur eine kurze Hilfe.

-interaction *Modus*

Definiert den Bearbeitungsmodus, analog zu den Makros \nonstopmode (Fehler ignorieren), \scrollmode (Fehler anzeigen, aber weiterarbeiten), \errorstopmode (bei Fehlern anhalten).

-jobname *Name*

Definiert den \jobnamen und damit den Basename aller Ausgabedateien.

-mktex *Format*

Aktiviert mit [mktexfmt] das automatische Erzeugen fehlender Files; *Format* muss tex oder tfm sein.

-output-comment *String*

Im DVI-Modus erlaubt dies, das voreingestellte Datum durch *String* zu ersetzen. Wird im PDF-Modus ignoriert.

-output-directory *Verzeichnis*

Erzeugt Ausgaben im angegebenen (statt voreingestellt: im aktuellen) Verzeichnis. Auch Eingabedateien werden zunächst hier gesucht.

-output-format *Format*

Definiert durch pdf oder dvi das Ausgabeformat und damit auch die einbindbaren Grafikformate.

-recorder

Aktiviert das Aufzeichnen aller eingelesenen und geschriebenen Dateien. Diese sind am Ende der Bearbeitung in der Datei \jobname.fls enthalten.

-shell-escape
:   Aktiviert das \write18{*command*}-Konstrukt, mit dem sich Shellbefehle ausführen lassen. Achtung: Das ist ein Sicherheitsrisiko!

-src-specials *Typ*
:   Im DVI-Modus fügt der Compiler vom *Typ* abhängige Markierungen in die Ausgabedatei ein, mit denen später bei der Ausgabe eine leichtere Navigation möglich ist. Diese *Typ*en unterstützt der Compiler: cr, display, hbox, math, par, parent, vbox. Mehrere Angaben sind als kommaseparierte Liste möglich, ohne Angabe werden alle verwendet. Im PDF-Modus ignoriert der Compiler diese Option.

-8bit
:   Erlaubt alle 8-Bitzeichen in den Quelltexten.

PostScript-Ausgaben mit dvips

Es gibt mehrere Programme, die DVI-Dateien weiterverarbeiten und beispielsweise für einen bestimmten Drucker oder eine Lichtsatzmaschine aufbereiten. Oft wird als Ausgabeformat PostScript benötigt. Die Umwandlung erfolgt dann meistens mit dvips in der Form:

dvips [*Optionen/Argumente*] *dvidatei*

Folgende Optionen werden häufig verwendet:

-l *letzte Seite*
:   Nur bis zur angegebenen Seite konvertieren.

-o *Ausgabedatei*
:   Definiert den Namen der *Ausgabedatei*. Die Voreinstellung ist systemabhängig und auf Unix-Systemen häufig ein Drucker.

-p *erste Seite*
:   Beginnt die Ausgabe ab der angegebenen Seite.

-r
:   Seiten in umgekehrter Reihenfolge ausgeben.

-t *Typ*
> Papierformat *Typ* verwenden. Die zur Verfügung stehenden Formate und Voreinstellungen sind systemabhängig.

-z
> Hypertext zulassen.

-A
> Nur ungerade Seiten ausgeben.

-B
> Nur gerade Seiten ausgeben.

-C *Anzahl*
> Jede Seite *Anzahl*-mal hintereinander ausgeben.

-D *Auflösung*
> Definiert die Auflösung für Pixeldaten (Grafiken, Bitmap-Fonts). -X, -Y für abweichende Auflösungen in X-, Y-Richtung.

-P *Drucker*
> Wählt einen Drucker aus. Für diesen muss vorher eine dvips-spezifische Konfigurationsdatei vorhanden sein.

Formatieren mit LaTeX: Makros

Auszuzeichnende Strukturen, Wörter, einzelne Zeichen oder Bereiche werden in LaTeX-Dokumenten mit Befehlen (»Makros«) und Umgebungen markiert.

Befehle

Befehlsmakros beginnen (fast immer) mit dem rückwärtsgerichteter Schrägstrich (\, englisch Backslash), dem entweder ein einzelnes Sonderzeichen (\$) oder eine beliebige Anzahl von Buchstaben folgt. TeX und LaTeX unterscheiden dabei streng zwischen Groß- und

Kleinschreibung, Leer- und Sonderzeichen sind unzulässig in Makronamen, Zahlen nicht vorgesehen. Makros können über Optionen (wahlweise anzugebende Schalter) und/oder Argumente (meistens bezieht sich die Formatierung auf ein solches) verfügen. Optionen (oder optionale Argumente) werden in den meisten Fällen zwischen eckigen Klammern ([...]) angegeben, Ausnahmen bilden allerdings einige grafische Makros. Optionale Argumente können sehr Unterschiedliches enthalten. Heute finden immer mehr Konstruktionen in der Form *Key=Value* (Schlüsselwort, Wert) Verwendung, was in der Regel gut lesbar ist.

Argumente sind normalerweise *obligatorisch*, müssen also angegeben werden. Fehlen sie, erzeugt dies einen Fehler. In dem allermeisten Fällen erwarten Makros ihre Argumente zwischen geschweiften Klammern. Achtung: Diese *sind nicht identisch* mit den unten beschriebenen Gruppen. Im manchen Argumenten dürfen Absätze (erzeugt durch eine oder mehrere Leerzeilen oder das Makro \par) auftreten, in anderen nicht. Im zweiten Fall erzeugt ihr Auftreten Fehler.

Umgebungen

Umgebungen dürfen *immer* mehrere Absätze einschließen; sie haben die Form:

```
\begin{umgebungsname}
Text (mit Absätzen) und/oder LaTeX-Befehle
\end{umgebungsname}
```

Umgebungen sind eine spezielle Form so genannter Gruppen. Tatsächlich führen sie Makros direkt am Anfang einer Gruppe aus. Achtung: Umgebungen beginnen *immer* mit dem Makro \begin (der Umgebungsname ist ein obligatorisches Argument) und müssen mit \end und dem Umgebungsnamen enden. Intern erzeugt LaTeX dabei die Makros \umgebungsname und \endumgebungsname.

Gruppen entstehen durch geschweifte Klammern {...} und begrenzen die Wirkung von in ihnen aufgerufenen Makros. Einstellungen, die in einer Gruppe vorgenommen werden, beziehen sich daher ausschließlich auf diese Gruppe, sind also nach Ende der Gruppe nicht mehr vorhanden. Hier kommen einige Beispiele:

Makro nur aus Sonderzeichen: \\ oder \$

Makro ohne Optionen oder Argumente: \rmfamily

Makro mit Option und Argument: \color[gray]{.6}

Umgebung ohne Optionen/Argumente: \begin{math} ... \end{math}

Umgebung mit Option und Argument:

\begin{tabular}[t]{lr} ... \end{tabular}

Weitere LaTeX-Elemente

Neben den oben beschriebenen Befehlen, Gruppen und Umgebungen (einer Kombination von beidem) kennen TeX und LaTeX noch weitere Strukturen, insbesondere Variablen unterschiedlicher Typen.

Textvariablen

Gewöhnlich werden variable Texte in »ganz normalen« Makros abgelegt, siehe Seite 124. Anstelle von *Code* enthalten sie Text, sie lassen sich bei Bedarf erneut zuweisen (redefinieren, siehe Seite 124).

Längen

Viele Strukturen beim Drucksatz benötigen zur Positionierung exakte Längenangaben. TeX kennt die folgenden Längeneinheiten:

65536 sp = 1 pt; 12 pt = 1 pc; 1238 pt = 1157 dd; 12 dd = 1 cc; 72.27 pt = 1 in = 72 bp = 25,4 mm = 2,54 cm.

1 sp (TeX's interne Längeneinheit) entspricht etwa 1/10 der Wellenlänge des sichtbaren Lichts. Neben diesen festen Längeneinheiten kennt TeX noch (vom aktuellen Font, bestehend aus Schrifttyp und -größe) abhängige Längeneinheiten: 1 ex (entspricht der x-Höhe) und 1 em (die Breite eines »m«) oder Gevierts.

Längen sind spezielle Makros, deren Namen ebenfalls mit einem Backslash beginnen, etwa \textwidth. Sie können Größen in Form von Dezimalzahlen (mit Längeneinheiten!, diese sind obligatorisch) bis ca. 5,5 m enthalten.

Anmerkung: Daneben unterstützen TeX und LaTeX noch das Konzept »variabler Längen«. Eine voreingestellte Länge wird dabei um zwei Angaben ergänzt:

Länge plus *Dehnung* minus *Schrumpfung*

Bei diesen Längen verwendet TeX einen Abstand zwischen *Länge+Dehnung* bis *Länge–Schrumpfung* so, dass ein typografisch optionales Ergebnis entsteht. Diese Längen verwendet LaTeX intern, nur erfahrene Anwender sollten sie explizit einsetzen. `plus` und `minus` sind Schlüsselwörter.

Die folgenden Befehle sollen zur Bearbeitung von Längen eingesetzt werden:

`\addtolength{`*länge*`}{`*Länge mit Einheit*`}`
    Addiert zu *länge Länge mit Einheit* hinzu.

`\newlength{`*länge*`}`
    Definiert eine neue *länge* und initialisiert sie mit 0 pt. Ein gleichnamiges Makro darf zuvor nicht definiert sein.

`\setlength{`*länge*`}{`*Länge mit Einheit*`}`
    Setzt *länge* auf den Wert *Länge mit Einheit*.

`\settodepth{`*länge*`}{`*text*`}`
    Setzt *länge* auf die Tiefe unter der Grundlinie, die *text* benötigt.

`\settoheight{`*länge*`}{`*text*`}`
    Setzt *länge* auf die Höhe über der Grundlinie, die *text* benötigt.

`\settowidth{`*länge*`}{`*text*`}`
    Setzt *länge* auf die Breite, die *text* benötigt.

Intern referenziert der Befehl `\the\`*länge* eine Längenvariable.

Zähler

Weitere wichtige Zahlenvariabelen sind Counter (Zähler). Counter sind einheitenlose Ganzzahlvariablen, die zum Zählen unterschiedlichster Strukturen (Seitenzahlen, in Überschriften, als Listenpunkte, für Fußnoten, usw.) eingesetzt werden. Die Ausgabe von Zählern kann in unterschiedlichen Varianten erfolgen, unabhängig vom dargestellten Zähler: 17, xvii, q. Hier wurde die Seitenzahl in drei unterschiedlichen Weisen dargestellt:

`\arabic{page}`, `\roman{page}`, `\alph{page}`

Dabei wird deutlich, das LaTeX Zähler nur über den Namen (nicht über ein Makro, wie etwa bei Längen) referenziert.

`\addtocounter{zähler}{zahl}`
> Addiert *zahl* zum Wert von *zähler* und speichert das Ergebnis in *zähler*.

`\newcounter{zähler}[hauptzähler]`
> Definiert einen neuen *zähler*, der jedes Mal, wenn *hauptzähler* mit `\stepcounter` oder `\refstepcounter` verändert wird, auf Null zurückgesetzt wird.

`\refstepcounter{zähler}`
> Addiert eins zu *zähler* und setzt alle untergeordneten *zähler* auf Null. Zusätzlich gibt der nächste `\label`-Befehl diesen neuen Wert an `\ref`-Befehle weiter.

`\stepcounter{zähler}`
> Addiert eins zu *zähler* und setzt alle untergeordneten *zähler* auf null.

`\setcounter{zähler}{zahl}`
> Setzt *zähler* auf *zahl*.

`\value{zähler}`
> Referenziert den Wert von *zähler*, allerdings nicht für die Darstellung, sondern für die weitere Bearbeitung (in Makros).

Zählerinhalte lassen sich mit folgenden Makros darstellen:

`\alph{zähler}` bzw. `\Alph{zähler}`
> Darstellung in Klein- bzw. Großbuchstaben, Wertebereich 1 bis 26.

`\arabic{zähler}`
> Darstellung als arabische Zahlen, Wertebereich 1 bis 2^{30}

`\roman{zähler}` bzw. `\Roman{zähler}`
> Darstellung als römische Zahlen, Wertebereich 1 bis 2^{30}

`\fnsymbol{zähler}`
> Darstellung als Fußnotensymbol, voreingestellter Wertebereich 1 bis 9, erweiterbar (siehe [2]).

Zu jedem *zähler* gibt es intern einen Befehl vom Typ `\thezähler`, der seinen Wert als Text ausgibt.

Grundlegende Dokumentformate

Dieser Abschnitt beschreibt das grundlegende Format von LaTeX-Dokumenten. Damit sind zum einen das Ausgabeformat (Seiten- und Schriftgröße usw.) und zum anderen das Darstellungsformat (als Artikel, Buch, zweispaltig usw.) gemeint. Einige Parameter lassen sich nicht so ganz einfach zuordnen, wie beispielsweise die Ausrichtung (Hoch- bzw. Querformat).

Dokumentklassen: Standard-LaTeX vs. KOMA-Script

LaTeX steuert beide Aspekte des Dokumentformats übe eine so genannte Dokumentklasse bzw. deren Optionen. Dies entspricht der LaTeX-Philosophie: zu sagen, *was* man will, und TeX das *wie* zu überlassen. Das Makro \documentclass steuert das.

\documentclass[*Option,...*]{*Dokumentklasse*}

Mehrere Optionen lassen sich durch Kommata getrennt angeben. Da die Dokumentklasse (die quasi ein kleines spezielles Programm ist) sie auswertet, bestimmt sie auch, welche Optionen zulässig sind. Von ihr nicht selbst ausgewertete Optionen reicht sie an die eingebundenen Makropakete (siehe Seite 22) weiter. Falls diese sie auch nicht verwenden, erscheint eine Warnung in der Form:

```
LaTeX Warning: Unused global option(s):
    [9pt,tocleft,pagesize].
```

Zunächst stellen wir die LaTeX-Standarddokumentenklassen vor. Diese stehen in jeder Installation zur Verfügung, sind allerdings unter Gesichtspunkten amerikanischer Typografie entwickelt worden (und wirken daher teilweise skurril). Sie lassen sich mit vernünftigem Aufwand an viele Bedürfnisse anpassen.

article oder scrartcl (KOMA-Script)
> Die gängigste Dokumentklasse; sie wird vor allem für kurze Dokumente (bis ca. 20 Seiten) eingesetzt. Der oberste Gliederungsbefehl ist \section; voreingestellt erscheint der Titel auf der ersten Textseite. Extra Titelseiten – auch mit abgesetzter Zusammenfassung durch {abstract} – sind ebenso wie zweispaltiges Format möglich. Eine Gliederung in »Teile« ist mit \part vorgesehen. Bei KOMA-Script entspricht dies der Klasse scrartcl.

book oder scrbook (KOMA-Script)

Die Dokumentenklasse für umfangreiche Dokumente wie (Hand-)Bücher, aber auch Sammelbände oder einfach nur den Roman des Jahrhundert ...

Diese Dokumentenklasse unterstützt mit `\chapter` eine Kapitelgliederung, voreingestellt beginnen sie auf rechten Seiten. Natürlich sind auch Teile mittels `\part` möglich, zusätzlich gibt es noch eine Dreiteilung in »Vorspann« (`\frontmatter`), Hauptteil (`\mainmatter`) und Nachspann (`\backmatter`). Diese Makros beeinflussen beispielsweise die Formatierung der Seitenzahlen. Bei KOMA-Script entspricht diese Klasse scrbook.

letter oder scrlttr2 (KOMA-Script)

Für vordrucklose Briefe. Mehrere Briefe lassen sich in einer Datei speichern. Sie unterscheidet sich stark von allen anderen. Bei KOMA-Script entspricht dies der Klasse scrlttr2.

report oder scrreprt (KOMA-Script)

Dies ist eigentlich die flexibelste Dokumentenklasse. Sie unterstützt Teile (`\part`), Kapitelgliederung (`\chapter`) und Zusammenfassung (`{abstract}`), ein- bzw. zweiseitiges Layout und ein- oder zweispaltige Darstellung. Bei KOMA-Script entspricht dies der Klasse scrreprt.

proc

Dies ist eine Variante von report, bei der das zweispaltige Layout voreingestellt ist.

slides

Eine inzwischen nicht mehr weiter entwickelte Klasse für Folien, Dias oder Präsentationen. Sie unterscheidet sich stark von allen anderen.

Anmerkung: Die KOMA-Script-Varianten der Dokumentenklassen gehören heute zum Standard und stehen auf nahezu allen Systemen zur Verfügung. Hier und im Folgenden wird immer wieder auf diese Klassen eingegangen, wo es erforderlich erscheint. [1] enthält eine detailliertere Beschreibung (einschließlich scrlttr2).

Die weiteren Klassen sind für spezielle Anwendungen vorgesehen:

ltxdoc
> Für die Dokumentation von LaTeX-Code, etwa Dokumenten-klassen, Makropakete usw.

ltxguide
> Für die LaTeX-Dokumentation, basiert auf article.

minimal
> Eine minimale Beispielklasse zur Entwicklung eigener Klassen.

Die folgenden Dokumentenklassenoptionen werden von allen oder den meisten der oben vorgestellten Standardklassen (und vielen anderen Dokumentenklassen) unterstützt.

`10pt` oder `11pt` oder `12pt`
> Definiert die Größe der Standard- oder Grundschrift in dem Dokument. Achtung: Von dieser Größe hängen viele weitere Parameter ab, wie etwa Abstände zwischen verschieden Strukturen, beispielsweise Einrückungen, Abstände in Listen usw.

xy`paper`
> Die Dokumentenklassen sind für die Verwendung recht unterschiedlicher Papierformate ausgelegt. Voreingestellt (also ohne entsprechende Option) verwenden sie das amerikanische »Letter«-Format, das breiter, aber weniger hoch als A4 ist. `a4paper`, `a5paper` und `b5paper` aktivieren die typischen deutschen Formate. KOMA-Script erlaubt noch viele weitere Papierformate einzusetzen und auch die Satzspiegelberechnung zu steuern. Achtung: Auch von dieser Einstellung hängen *viele* weitere Parameter ab, wie etwa die Zeilenlänge, Seitenhöhe usw.

`final` oder `draft`
> Steuert, ob Randüberschreitungen bei der Formatierung durch eine vertikale Marke (■) angezeigt werden (und Weiteres). Voreingestellt entfällt diese Marke, das entspricht `final`.

`landscape` oder `portrait`
> Steuert das Ausgabeformat. Voreingestellt ist das Hochformat (`portait`).

`onecolumn` oder `twocolumn`
> Definiert, ob das Dokument ein- oder zweispaltig gesetzt wird.

`oneside` oder `twoside`
> Legt fest, ob das Dokument nur aus rechten Seiten (`oneside`) oder aus (ungeraden) linken und (geraden) rechten Seiten bestehen soll.

`openany` oder `openright`
> Gibt es nur bei Dokumentenklassen, die einen `\chapter`-Befehl haben. `openany` erlaubt Kapitelanfänge auf linken und rechten Seiten, `openright` nur auf rechten.

`titlepage` oder `notitlepage`
> Steuert, ob Titel auf der ersten Textseite (`notitlepage`) oder einer eigenen, abgesetzten Seite (`titlepage`) erscheinen.

`openbib`
> Verändert das Aussehen des Literaturverzeichnisses (in der Umgebung `{thebibliography}`, siehe Seite 114).

`fleqn` und `leqno`
> Steuern die Darstellung abgesetzter mathematischer Formeln. `fleqn` setzt Gleichungen linksbündig; `leqno` bewirkt, dass die Nummerierung links statt wie voreingestellt rechts erfolgt.

Neben diesen Optionen für die Dokumentenklasse ist es oft sinnvoll, Optionen, die mehrere Makropakete benötigen, hier ebenfalls (»global«) anzugeben, wie etwa pdftex. [2] listet eine Reihe weiterer Dokumentklassen für spezielle Zwecke auf und erklärt Details im Zusammenhang mit Makropaketen und Dokumentklassen.

Präambel und Dokument

LATEX-Quelltexte haben immer einen Vorspann, in dem bestimmte, für das gesamte Dokument gültige Einstellungen erfolgen, die so genannte Präambel. Sie beginnt (normalerweise) mit dem `\documentclass`-Befehl und endet mit dem Textteil des Dokuments (also mit `\begin{document}`).

Eines der wichtigsten Makros in der Präambel ist `\usepackage`, um Makropakete einzubinden.

`\usepackage[`*Option,...*`]{`*Makropaket,...*`}`

Sowohl mehrere Optionen als auch Makropakete lassen sich durch Kommata getrennt in den entsprechenden Argumenten angeben. Aber Achtung: Alle Optionen werden an alle Makropakete übergeben, müssen diese also auswerten können. Mehr dazu im nächsten Abschnitt. Syntaktisch korrekt sehen LaTeX-Quelltexte so aus:

```
\documentclass[a4paper]{article}   Dokument als Artikel
\usepackage[T1]{fontenc}           »neue« Fontkodierung
\usepackage[latin1]{inputenc}      Eingaben als Latin1
\usepackage{german}                deutsche Typografie
                                   Ende der Präambel
\begin{document}                   Start Dokument
  \section{Überschrift}            Überschrift
  Dies ist ein Beispieltext.       Fließtext
\end{document}                     Ende Dokument
```

Und noch ein längeres Beispiel, das auch weitere Möglichkeiten der letter-Klasse zeigt:

```
\documentclass[11pt,a4paper]{letter}
\usepackage{german}
%% Deutsche Texte in der letter-Umgebung, \today kommt aus german.
\renewcommand*{\ccname}{Verteiler}
\renewcommand*{\enclname}{Anlage(n)}
\renewcommand*{\headtoname}{An}
\renewcommand*{\pagename}{Seite}
%% Absender f"ur alle folgenden letter-Umgebungen
\name{Kei N.\TB ,Absender}% die Standardunterschrift
%% Absender S.1 oben
\address{K.\,N.\,Absender\\Musterweg 1\\98765 Astadt}
%% oder in der Fu"szeile (wenn man \address auskommentiert)
\location{K.\,Absender -- Musterweg 1 -- 98765 Astadt}% S.1 Fu"szeile
\telephone{(030)\,08\,15\,47\,12}% neben \location falls kein \address
\pagestyle{headings}% Ab S.2 Kopfzeile mit An, Datum, Seite
\begin{document}
\begin{letter}{DANTE e.V.\\% diese Zeile auf Folgeseiten bei headings
              Postfach 10\,18\,40\\
              69008 Heidelberg}
  \opening{Lieber DANTE,}
   gro"sartig, die g"ottliche Kom"odie.
  \signature{K.}% andere Unterschrift als \name; vor \closing!
  \closing{mfg}
  \ps{P.S.: Danke.}
  \encl{1 Fortsetzungsvorschlag}
  \cc{Carbon \& Copy}
\end{letter}
```

```
\begin{letter}{O'Reilly Verlag\\ Balthasarstra"se 81\\ 50670 K"oln}
  \opening{Lieber O'Reilly Verlag,}
   da ich f"ur einen kurzen Brief keine Zeit habe, schreibe ich
   Ihnen einen langen ...

   Meine Ideen gingen an \texttt{proposals@oreilly.de}.
  \closing{Hochachtungsvoll Ihr}
\end{letter}
\end{document}
```

Das Beispiel zeigt deutlich, wie mehrere Briefe (jeweils in einer eigenen {letter}-Umgebung) in einem Dokument (in der Umgebung {document}) stehen.

Makropakete einbinden

Eine der Stärken von LaTeX ist es, dass sich mithilfe von Makros neue Befehle bei Bedarf zusammenstellen lassen. Derartige Makrosammlungen heißen im Jargon »Packages« oder Makropakete, wenn sie in einer eigenen Datei abgelegt sind. Auf diese Weise können LaTeX-Anwender ihre Makros an andere weitergeben.

Es gibt inzwischen eine schier unüberschaubare Vielfalt von Paketen, für den allgemeinen Gebrauch, aber auch die seltsamsten Zwecke ... [2] beschreibt viele der wichtigsten. Folgende Übersicht enthält solche, die zu einer Standardinstallation gehören.

alltt
> Definiert die Umgebung {alltt}, die Text unverändert darstellt (wie {verbatim}, siehe Seite 55), wobei aber die Zeichen \ (für Makros), { und } (für Argumente und Gruppen) ihre Funktion behalten.

afterpage
> Erlaubt, LaTeX-Code (etwa \afterpage{\clearpage}) am Beginn der nächsten ausgegebenen Seite auszuführen. Das ist oft im Zusammenhang mit Gleitobjekten nützlich.

array
> Erweitert die Möglichkeiten in Tabellen und Arrays.

bezier
> Definiert einen neuen Kurventyp in Grafiken (in {picture}).

calc

Vereinfacht und erweitert die Möglichkeiten beim Rechnen mit Zählern und Längen.

color

Ermöglicht und steuert die Farbdarstellung in LaTeX-Dokumenten (siehe Seite 98).

dcolumn

Erlaubt am Dezimalzeichen ausgerichtete Formatierung in Tabellen (und Arrays).

exscale

Ermöglicht typografisch sinnvolle Anpassungen mathematischer Symbole.

enumerate

Erweitert die Features von Listen, siehe Seite 60.

flafter

Bewirkt, dass Gleitobjekte erst *nach* einem Verweis erscheinen.

fontenc

Definiert Kodierungen für die zur Ausgabe verwendeten Zeichensätze. Besonders wichtig für deutsche Texte ist T1 (und Varianten, sowie eventuell TS1, für Textcompanion-Fonts), die uneingeschränkte Silbentrennungen erlaubt. Weitere wichtige Kodierungen: T1, TS1, OT1, OMS, OML, OT4, T2A , T2B, T2C, X2.

graphics oder **graphicx**

Die Pakete zum Einbinden externer Grafiken, siehe Seite 95.

hhline

Erlaubt eine genauere Steuerung der Linien in Tabellen (und Arrays).

ifthen

Das Makropaket definiert eine Reihe von Makros für Kontrollstrukturen, die wichtigsten sind: \ifthenelse, \isodd, \isundefined, \equal, \lengthtest, \boolean und \whiledo. Die Originaldokumentation findet sich in ifthen.dvi.

inputenc

Definiert die Kodierungen der *Eingabe*zeichen in Quelltexten. Damit lässt sich eine weitgehende Unabhängigkeit vom System erreichen, da quasi beliebig kodierte Eingaben sich korrekt bearbeiten lassen. Für UNICODE ist zusätzlich das Makropaket ucs zu laden:

```
\usepackage{ucs}
\usepackage[utf8x]{inputenc}
```

Diese Kodierungen unterstützt **inputenc** voreingestellt:

ascii (ASCII, Bereich 32 bis 127), latin1, latin2, latin3, latin4, latin5, latin9, latin10, decmulti, cp850, cp852, cp858 (wie cp850 mit Euro), cp437, cp437de (deutsche Version), cp865, applemac (Macintosh), macce (Macintosh, Zentraleuropa), next (Next), cp1250 (Windows, für Zentral- und Ost-Europa), cp1252 (Westeuropa), cp1257 (Baltikum), ansinew (Windows 3.1 ANSI).

latexsym

Definiert spezielle mathematische Symbole.

layout

Dieses Makropaket ermöglicht, die aktuellen Parameter für die (Seiten-)Formatierung darzustellen. Besser ist allerdings das nicht zur Standardinstallation gehörende Makropaket layouts, das wesentlich mehr Informationen anzuzeigen vermag.

longtable

Eine Umgebung für mehrseitige Tabellen (Seite 79).

makeidx

Definiert \printindex und \see (für Indexverweise).

multicol

Dies definiert eine Umgebung ({multicols}) für bis zu zehnspaltige Formatierung. Beispiel: \begin{multicols}{3} *Text* \end{multicols}. Die Umgebung erzeugt balancierte Spalten (alle haben dieselbe Höhe). Eine Variante der Umgebung ({multicols*}) arbeitet wie \twocolumn (siehe Seite 56).

graphpap

Enthält Makros für Gitter (Koordinatensysteme) (in {picture}).

---

pict2e

Dieses Paket hebt eine Reihe von Einschränkungen (begrenzte Steigungen, Radien) in der {`picture`}-Umgebung (Seite 89) auf.

shortvrb

Mit dem Paket shortvrb lassen sich spezielle Zeichen zur Verbatim-darstellung einsetzen, siehe Seite 56.

syntonly

Ermöglicht eine beschleunigte Syntaxüberprüfung, ohne allerdings Ausgaben zu erzeugen. Wird selten verwendet.

showidx

Zeigt in einem Dokument gesetzte Label (`\label`, siehe Seite 107) und Referenzen (Verweise, Seite 108). Bei Problemen sinnvoll.

tracefnt

Erlaubt, die Auswahl von Fonts durch das NFSS genauer zu beachten, wichtig bei Fehlern oder Problemen.

textcomp

Für die Verwendung der Textcompanion-Fonts, enthalten Sonderzeichen.

theorem

Erweitert die {`theorem`}-Umgebung (Seite 41).

tabularx und **tabulary**

Für spezielle, sehr leistungsfähige Tabellen mit automatisch anpassbaren Spaltenbreiten.

varioref

Erlaubt flexiblere und leistungsfähigere Verweise in Dokumenten, etwa durch automatische Anpassung der Verweistexte.

verbatim

Erweitert die {`verbatim`}-Umgebung (Seite 55).

xr

Erlaubt Verweise zwischen mehreren LaTeX-Dokumenten.

xspace

Der dort definierte Befehl \xspace fügt bei Makrodefinitionen am Ende automatisch benötigte Leerzeichen ein.

Zusätzlich gibt es einige Pakete, die erkannte Fehler korrigieren und daher eingebunden werden sollten:

fixltx2e

Behebt eine Reihe von Fehlern im LaTeX-Kernel. Die Originaldokumentation fixltx2e.pdf beschreibt die Details.

fix-cm

Behebt Probleme beim Einsatz der CM-Fonts. Das Paket soll *vor* \documentclass mittels \RequirePackage geladen werden:

```
\RequirePackage{fix-cm}
\documentclass...
```

Es gibt natürlich noch *viel, viel mehr* Makropakete. Oft stehen auch die folgenden zur Verfügung:

amsmath

Definiert eine Vielzahl zusätzlicher Befehle und Umgebungen für den Mathematik-Satz.

babel

Definiert zusätzliche Befehle für mehrsprachige Dokumente. Es umfasst auch die in (n)german definierten Makros.

\usepackage[german,english]{babel} aktiviert hier die Sprachen Deutsch und Englisch; \selectlanguage{*Sprache*} schaltet sie um.

german oder ngerman

Diese Pakete enthalten typografische Anpassungen für den deutschen Sprachraum. german nutzt (Silben-)Trennmuster gemäß der alten Rechtschreibung, ngerman die für die neue. Die wichtigsten Makros dieser Pakete sind im Text beschrieben. \originalTeX deaktiviert diese, was in manchen Situationen erforderlich ist. \germanTeX bzw. \ngermanTeX aktiviert sie erneut. Mit \dqoff lassen sich die als "*Kürzel* definierten Makros (temporär) ausschalten, \dqon aktiviert sie wieder.

---

geometry

Ist ein Paket, mit dem sich Anpassungen des Seitenlayouts besonders leicht vornehmen lassen.

hyperref

Dies erlaubt Verweise in PDF-Dokumenten, einschließlich des Einbindens externer URLs. Achtung: Dieses Makropaket soll *immer als letztes* in der Präambel geladen werden, da es viele Definitionen modifiziert.

float

Bietet zusätzliche Features bei Gleitobjekten (Seite 104) an und erlaubt auch neue Typen zu definieren.

type1cm und **cm-super**

Sie bewirken, dass LaTeX skalierbare Varianten (PostScript-) anstelle der Bitmap- von den CM-Fonts verwendet.

Gliederungsbefehle

Dokumente werden normalerweise in Kapitel, Abschnitte und eventuell Unterabschnitte gegliedert. Mit LaTeX ist dies und noch wesentlich mehr möglich. Alle Standarddokumentenklassen erlauben beispielsweise eine Einteilung in »Parts« (Teile), für Abschnitte gibt es drei Ebenen und zusätzlich noch Absätze und Unterabsätze. Kapitel hingegen unterstützen nur die Klassen report, proc und book. Die Gleichungselemente bilden eine genau ausgetüftelte Hierarchie.

LaTeX erlaubt, die Nummerierung der Gliederungselemente (mit secnumdepth) zu steuern, und das unabhängig von ihrer Darstellung im Inhaltsverzeichnis (tocdepth). Alle Gliederungsbefehle werden gleich verwendet:

\gliederungsbefehl[*Verzeichniseintrag*]{*Überschrift*}

Im optionalen Argument kann ein von der *Überschrift* abweichender Text stehen. Diesen verwendet LaTeX dann im Inhaltsverzeichnis (sofern die entsprechende Gliederungsebene dort erscheint) und im Kolumnentitel. Im Prinzip lassen sich auch alle LaTeX-Befehle in der Überschrift verwenden. In der Realität kommt es dabei aber manchmal zu Problemen. Am einfachsten ist es dann, den problematischen Befehl im optionalen Argument nicht zu verwenden.

Tabelle 1: Zuordnung von Gliederungsebenen und tocdepth

Gliederungsebene	Wert	Bemerkung
\part	-1[*]	beeinflusst keine anderen Zähler
\chapter	0	nicht in der article-Klasse
\section	1	*Rücksetzen*
\subsection	2	*des Zählers*
\subsubsection	3	*der jeweils niedrigeren*
\paragraph	4	*Gliederungsebenen.*
\subparagraph	5	kein Einfluss auf anderer Zähler

[*] Bei den Dokumentenklassen report und book; bei article: 0

Tabelle 2: Unterschrift eines Gleitobjekts mittels eines zweiten Befehls vom Typ \caption (siehe dazu Seite 103)

Weiterhin gibt es eine Variante der Gliederungsbefehle, die über keine Nummerierung verfügt und keinen Eintrag im Inhaltsverzeichnis (und im Kolumnentitel) bewirkt:

\gliederungsbefehl*{Überschrift}

Alle Gliederungsbefehle verwenden einen gleichnamigen Zähler (\subsubsection nutzt also subsubsection) für die Nummerierung. Sobald sich dieser erhöht, werden alle Zähler der untergeordneten Gliederungsebenen automatisch zurückgesetzt. Der Zähler secnumdepth bestimmt, ob die Nummerierung angezeigt wird. Nur Zähler einer Ebene (siehe Tabelle 1) größer als secnumdepth stellt LATEX mit einer Nummer dar. 0 deaktiviert die Nummerierung. Es gibt noch weitere Makros, die Gliederungsbefehle (bzw. ihre Ausgaben) beeinflussen oder Gliederungselemente darstellen:

\appendix

Leitet den Anhang ein; bewirkt in vielen Klassen eine Redefinition bei der Darstellung (oft nur der Nummerierung) von Kapiteln. Dieser Befehl wird oft auch als gleichnamige Umgebung ({appendix}) eingesetzt.

{abstract}
> Eine Umgebung, die nur in den Klassen article (scrartcl) und report (screprt) und davon abgeleiteten eine Zusammenfassung auf der Titelseite ermöglicht. Diese erscheint nie im Inhaltsverzeichnis.

Bei den KOMA-Script-Dokumentenklassen bestehen zusätzliche Möglichkeiten:

\minidsec
> Erstellt nicht nummerierte Zwischenüberschriften, die nie in einem Verzeichnis erscheinen.

bibtotoc, bibtotocnumbered, liststotoc, liststotocnumbered
> Dokumentenklassenoptionen, um Literatur- und andere Verzeichnisse ins Inhaltsverzeichnis aufzunehmen.

\uppertitleback, \lowertitleback
> Der Inhalt des Arguments erscheint unten auf der Rückseite des Haupttitels.

\dedication
> Mit diesem Makro lässt sich eine Widmung anbringen.

Weitere Details zu den KOMA-Script-Dokumentenklassen und der deutschen Typografie enthält [1].

Seitenlayout

Nahezu alle horizontalen und vertikalen Positionen und Größen in LaTeX-Dokumenten lassen sich über spezielle Variablen (meistens Längen) einstellen. Dieser Abschnitt fasst wichtige Parameter zusammen.

Das Makropaket layouts bietet gute Hilfen, wenn es um die Darstellung oder Beseitigung von Fehlern geht. Mit geometry lassen sich viele Parameter ganz einfach und weitgehend automatisch einstellen, etwa die Seitenränder.

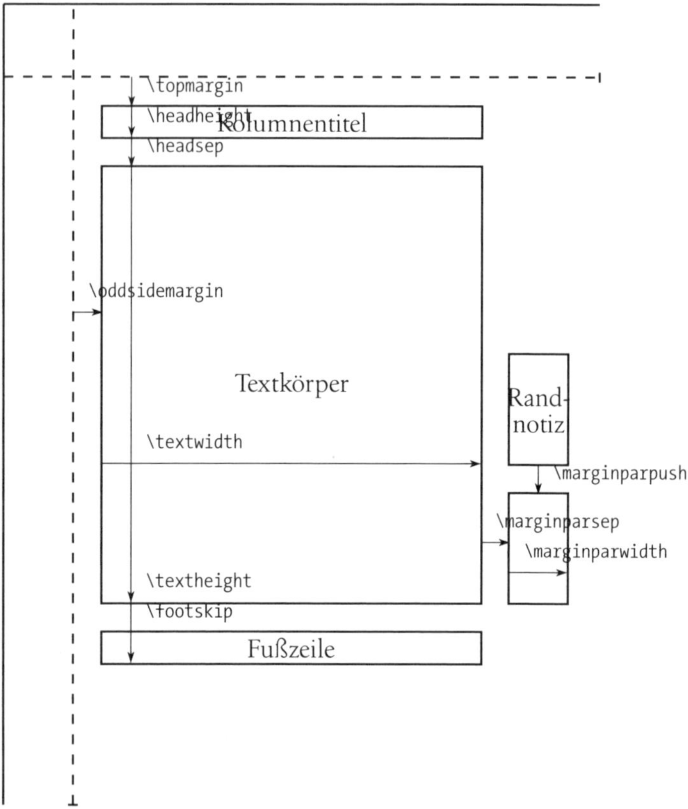

Abbildung 1: Das aktuelle Seitenlayout, dargestellt durch das Paket layouts

Parameter für den Satzspiegel

Die folgenden Parameter beeinflussen den verwendeten Satzspiegel wesentlich, Abbildung 1 auf der vorherigen Seite zeigt sie.

\bibindent
: (Zusätzlicher) Einzug im Literaturverzeichnis (in der Umgebung {thebibliography}), nur mit der Option openbib.

\columnsep
: Horizontaler Abstand zwischen den Spalten im Zwei- oder Mehrspaltensatz.

\columnseprule
: Stärke der Spaltentrennlinie im Mehrspaltensatz. 0 pt lässt sie verschwinden.

\evensidemargin
: Linker Rand (Papierrand bis zum Text) auf geraden Seiten. Wird nur bei beidseitigen Dokumenten benutzt (twoside).

\footskip
: Vertikaler Abstand zwischen Text und Fußzeile.

\headheight
: Höhe der Kopfzeile, geht in die Satzspiegelberechnung bei KOMA-Script-Dokumentenklassen ein.

\headsep
: Vertikaler Abstand zwischen Kopfzeile und Text.

\marginparpush
: Minimaler vertikaler Abstand zwischen zwei Randbemerkungen.

\marginparsep
: Horizontaler Abstand zwischen Text und Randbemerkungen.

\marginparwidth
: Breite der Box für Randbemerkungen.

`\oddsidemargin`
> Linksseitiger Rand (Papierrand zum Text) auf ungeraden Seiten bei beidseitigen Dokumenten, sonst auf allen Seiten.

`\pageheight`
> Vertikale Papiergröße, aus dieser leitet LaTeX viele weitere Größen ab. Dokumentklassenoptionen wie a4paper usw. definieren diese implizit.

`\pagewidth`
> Horizontale Papiergröße, aus ihr leitet LaTeX viele weitere Größen ab. Dokumentklassenoptionen wie a4paper usw. definieren diese implizit.

`\textheight`
> Höhe des Textblocks ohne Kopf- und Fußzeilen.

`\textwidth`
> Breite des Textblocks, kann von der Zeilenlänge abweichen (Mehrspaltensatz, Einrückungen usw.).

`\topmargin`
> Vertikaler Abstand vom oberen Papierrand zur Kopfzeile.

`\topskip`
> Die Position der Grundlinie der ersten Textzeile. Dieser Parameter gleicht den Textblock bei unterschiedlichen Schrift(größ)en an.

TeX positioniert die linke obere Ecke der Ausgabeseite einen Zoll nach rechts unten versetzt, dies muss bei `\evensidemargin`, `\oddsidemargin` (und eventuell `\topmargin`, `\topskip`) berücksichtigt werden.

Parameter für Absätze und Zeilen

Absätze sind die primäre Einheit, die TeX für die Formatierung aus Zeilen aufbaut. Sie können eingerückt werden, bei Bedarf eine besondere Form annehmen, die Abstände zwischen ihnen lassen sich steuern und vieles mehr. Die wichtigsten Parameter für die Formatierung sind:

`\parindent`

Einrückung der ersten Zeile. Voreingestellt wird dieser Parameter in der Dokumentenklasse, positive Werte rücken nach rechts, negative nach links ein. Mit `\noindent` lässt sich dies an bestimmten Stellen (etwa unmittelbar nach Überschriften) unterdrücken. `\indent` fügt diesen Abstand manuell ein.

`\parskip`

Der (vertikale) Abstand zwischen zwei Absätzen, der als zusätzlicher Durchschuss eingefügt wird. Auch seine Voreinstellung erfolgt in der Dokumentenklasse.

`\baselineskip` (Länge) und `\baselinestretch` (Makro)

Diese klassischen Parameter wurden früher für die Modifikation des Durchschusses innerhalb von Absätzen verwendet. *Heute wird davon dringend abgeraten*, da dies die Formatierung stören kann. Stattdessen sollten entweder bei der Auswahl von Fonts mit `\fontsize` ein entsprechender Durchschuss gewählt werden oder mittels des Makropakets **setspace** (oder anderer) Einstellungen erfolgen. Manchmal kann auch das Makro `\linespread` helfen.

`\linewidth`, `\textwidth` und `\columnwidth`

Diese Längen stellen die Zeilenlänge vorab ein. In bestimmten Situationen kann sie aber trotzdem abweichen, wenn etwa Ein- oder Ausrückungen erfolgen.

Anmerkung: TeX sorgt voreingestellt automatisch durch zusätzlichen Durchschuss dafür, dass sich Zeilen nicht überschneiden (was normalerweise gut ist). In manchen Fällen (etwa bei speziellen Formeln im Fließtext) ist dieses Verhalten aber unerwünscht. In diesen Fällen lässt sich die Höhe von Satzmaterial durch `\smash` »verstecken«: | (`\smash{\rule{1pt}{9pt}}`) In diesem Fall muss der Anwender selbst dafür sorgen, dass die so dargestellten Strukturen das Schriftbild nicht beeinträchtigen.

Manchmal weiß man nur, welches Satzmaterial (quasi als Muster) in einer bestimmten Situation zur Ausrichtung (etwa in Tabellen oder Listen) benötigt wird, nicht aber seine Größe. Für diese Fälle hat TeX drei spezielle Makros, um diese Muster unsichtbar einzusetzen:

\phantom, \hphantom und \vphantom. Alle drei verfügen über genau ein Argument, dessen Inhalt als Muster fungiert. Bei \phantom berücksichtigt TeX sowohl die horizontale als auch die vertikale Ausdehnung, bei \hphantom nur die horizontale, bei \vphantom nur die vertikale. Die jeweils andere Dimension wird als 0 (mm) interpretiert und bleibt daher unberücksichtigt.

LaTeX kennt mit \strut ein Makro, das quasi ein Universalmuster für den Fließtext enthält. Es fügt eine (unsichtbare) vertikale Linie ein, die 70 % über und 30 % unterhalb der Grundlinie liegt und genau die Größe des \baselineskip hat.

Seitenstile (Pagestyles)

Die Formatierung von Kopf- und Fußzeilen steuert der so genannte Seitenstil. Voreingestellt kennt LaTeX vier Varianten:

empty
: Kopf- und Fußzeile bleiben leer.

headings
: Kopfzeilen erhalten einen in der Dokumentklasse bestimmten Text (normalerweise den Titel des aktuellen Abschnitts) und die Seitenzahl, die Fußzeile bleibt (meistens) leer. Die Aktualisierung erfolgt dabei automatisch.

myheadings
: Kopfzeilen lassen sich manuell mit \markboth (mit zwei Argumenten für linke und rechte Seiten) bzw. \markright (rechte Seiten, nur ein Argument) setzen.

plain
: Die Kopfzeile bleibt leer, in der Fußzeile erscheint die Seitenzahl zentriert, das entspricht der Voreinstellung bei Kapitelanfängen (diese werden mit plain formatiert).

Das Makro \pagestyle erlaubt mit dem Argument {Stil} in der Präambel einen Seitenstil auszuwählen. Innerhalb des Dokuments erlaubt \thispagestyle (mit einem identischen Argument) eine abweichende Formatierung (etwa um Abbildungen auf leeren Seiten darzustellen). Diese gilt immer nur für die *aktuelle* Seite.

Einige Makropakete erlauben auf einfache Weise, neue Seitenstile zu erzeugen. Für fast alle Dokumentklassen ist fancyhdr gut geeignet, für KOMA-Script-Dokumentenklassen (und viele andere) sind scrpage bzw. scrpage2 die bessere Wahl.

Anmerkung: Es ist übrigens auch nicht wirklich schwer, eigene Stile direkt in der Dokumentklasse zu kodieren. Das ist immer dann sinnvoll, wenn die von den Makropaketen vorgegebenen Möglichkeiten nicht ausreichen oder eine Realisierung damit zu umständlich ist. Die Makros \ps@*Stil* sollten als Muster dienen.

Seitenzahlen

Ein Zähler mit dem Namen page repräsentiert Seitenzahlen, die voreingestellt (meistens) arabisch gesetzt werden. Die Voreinstellung erfolgt in der Dokumentklasse. Das Makro \pagenumbering erlaubt mit dem Argument {*Stil*} (Stil ist der Name eines Ausgabebefehls für Zähler, siehe Seite 18) eine davon abweichende Einstellung vorzunehmen. Dieses setzt den Zähler allerdings auf Null zurück, sollte daher nur in der Präambel erfolgen.

Titel(seiten) und Zusammenfassungen

Die Dokumentklassenoption titlepage bewirkt, dass \maketitle eine Titelseite ausgibt. Ohne diese Option erzeugt \maketitle eine besonders große Überschrift. Diese lässt sich durch folgende Makros um zusätzliche Elemente ergänzen:

\author
    Für Autorennamen (und weitere Angaben, etwa Adressen). \\ erlaubt Zeilenumbrüche.

\and
    Wird zur Eingabe mehrerer Namen mittels \author verwendet.

\date
    Für das Datum, voreingestellt wird durch \today das (bei der Übersetzung) aktuelle eingefügt, \date{} lässt es verschwinden.

\title
    Definiert den Dokumententitel (Überschrift).

\thanks

Ist für Fußnoten auf der Titelseite vorgesehen, es lassen sich damit beliebige Informationen ergänzen. Die Darstellung erfolgt am unteren Seitenrand.

Zusammenfassungen formatiert die Umgebung {abstract}. Voreingestellt (ohne die Dokumentklassenoption titlepage) erscheint sie als eingerückter Block unterhalb des Titels, mit titlepage auf einer separaten Seite. Falls diese Formatierungen nicht ausreichen, lassen sich mit \section* gut unnummerierte dafür einsetzen.

Fußnoten

Obwohl Fußnoten in LaTeX-Dokumenten (meistens) weder sinnvoll noch erforderlich sind, wird ihre Formatierung unterstützt:

\footnote[*nummer*]{*text*}

nummer ist optional und normalerweise nicht erforderlich, da LaTeX Fußnoten automatisch nummeriert. Da Fußnoten Gleitobjekte darstellen, ist ihre Anwendung in einigen Strukturen (etwa anderen Gleitobjekten) nicht möglich oder angeraten. In diesen Fällen erlauben folgende Makros trotzdem eine entsprechende Formatierung:

\footnotemark[*nummer*]
\footnotetext[*nummer*]{*text*}

Das Makro \footnotemark setzt innerhalb der Struktur die Marke, \footnotetext außerhalb den Text.

Die Dokumentklassen steuern die Formatierung der Fußnoten. Die Länge \footnotesep definiert den Abstand zwischen Fußnote und Textblock, das Makro \footnoterule eine Fußnotentrennlinie. Der Zähler footnote enthält die aktuelle Nummer. \thefootnote gibt ihn aus (und steuert die Formatierung).

Innerhalb von {minipage}-Umgebungen eingesetzte Fußnoten werden mit dem Zähler mpfootnote nummeriert und erscheinen an der Unterkante der Umgebung.

Anmerkung: In einigen Situationen, etwa innerhalb von Tabellen, kann \textsuperscript eine gute Alternative zu den Fußnotenmakros sein. Der im Argument übergebene Text wird in der Schriftgröße \footnotesize hochgestellt gesetzt, ganz so wie die Fußnotenmarken.

Randbemerkungen (Marginalien)

Mit \marginpar[*text links*]{*text rechts*} lässt sich *text* bündig zur aktuellen Position im Text in den Seitenrand setzen. Bei einseitigen Dokumenten ist das stets rechts außen, bei zweiseitigen erfolgt die Anpassung automatisch.

Das Makro \reversemarginpar vertauscht bis zum Auftreten von \normalmarginpar den Seitenrand für folgende Marginalien.

Die KOMA-Script-Dokumentenklassen haben mit \marginline ein Makro, das den im Argument enthaltenen Text automatisch zum Textkörper hin ausgerichtet darstellt.

Absatzformate

Leerzeilen oder der Befehl \par im Quelltext erzeugen Absätze in der Ausgabe. Zeilenumbrüche im Quelltext behandelt TeX wie Leerzeichen, ein Leerzeichen erscheint genau wie viele unmittelbar aufeinander folgende. Das Makro \space erzeugt ein »normales« Leerzeichen.

Zwischen Absätzen fügt LaTeX voreingestellt immer den durch \parskip definierten (vertikalen) Abstand ein. Dieser kann auch variabel definiert sein (siehe Seite 16). Manchmal ist es aber besser, einen genau bemessenen vertikalen Abstand zu verwenden, um ein ausgeglicheneres Ergebnis zu erzielen. LaTeX kennt dafür drei (in der Dokumentenklasse) voreingestellte Makros:

\smallskip
    Kleiner (vertikaler) Abstand, in Größe von \smallskipamount.

\medskip
    Mittlerer (vertikaler) Abstand, in Größe von \medskipamount.

\bigskip
    Ein großer (vertikaler) Abstand, von der Größe \bigskipamount.

LaTeX verwendet hier logische, in der Dokumentenklasse eingestellte Längen, die an verschiedenen Stellen (mit gleichen Werten) eingesetzt werden. Oft handelt es sich dabei um variable Längen, die für einen besonders guten Ausgleich sorgen sollen.

Manuell lassen sich mittels \vspace{*Abstand*} vertikale Abstände einstellen, was aber meistens nicht sinnvoll ist, weil es oft zu unerwünschten Nebenwirkungen führt. Diese Abstände verwirft TeX, falls sie an einem Seitenanfang oder -ende eingefügt würden, was (meistens) typografisch sinnvoll ist. In diesem Fall kann allerdings mit \vspace* ein unbedingter vertikaler Abstand verwendet werden, was in den seltensten Fällen richtig ist.

Eine spezielle Variante von \vspace ist \addvspace. Dieses Makro fügt den im Argument angegebenen vertikalen Abstand nur dann ein, wenn bisher keiner dieser Größe (oder größer) vorhanden ist.

Eine andere Sonderform stellt \vfill dar: Dieses Makro fügt einen variablen vertikalen Abstand in den Text (vorzugsweise zwischen zwei Absätzen!) ein, der sich beliebig (bis zur maximalen Texthöhe) vergrößern kann, und daher den Rest der aktuellen Seite auszufüllen vermag.

Manchmal ist es erforderlich, bereits vorhandene vertikale Abstände wieder zu entfernen. Dies ermöglicht \removelastskip, indem es einen gleich großen Abstand mit umgekehrten Vorzeichen einfügt. Weitere Möglichkeiten für manuelle Formatierungen beschreibt der Abschnitt *Manuelle Formatierungen: Umbrüche* ab Seite 42.

Ausrichtung

Voreingestellt formatiert LaTeX Texte im Blocksatz. Dazu variiert TeX die Abstände zwischen den Wörtern innerhalb eines Absatzes so, das ein möglichst ausgeglichenes Schriftbild entsteht. Andere Ausrichtungen lassen sich durch Makros oder Umgebungen bei Bedarf aktivieren.

{center} zentriert den Inhalt der Umgebung bei beidseitigem Flattersatz. Das Makro \centering wirkt analog.

Die Umgebung {flushleft} erzeugt eine linksseitige Ausrichtung mit rechtem Flatterrand.

Das Makro \raggedright wirkt entsprechend.

Die Umgebung {flushright} richtet den Inhalt rechtsbündig aus, links wird ein Flatterrand verwendet.

Das Makro \raggedleft wirkt analog.

Einen bedeutenden Unterschied gibt es zwischen den Makros und den Umgebungen: Letztere beginnen immer einen neuen Absatz und fügen davor einen vertikalen Abstand in der Größe von \parskip (plus \topskip) ein, während die Makros unmittelbar auf den aktuellen Absatz wirken. Ihre Reichweite sollte durch Gruppen begrenzt werden.

Spezielle Einrückungen: Zitate, Gedichte, Theoreme

Zitate lassen sich durch die Umgebungen {quote} (kurze Texte) oder {quotation} bei längeren Texten deutlich auszeichnen. Während {quote} einzelne Absätze durch vergrößerten Zeilenabstand voneinander trennt, fügt {quotation} zusätzlich einen Erstzeileneinzug ein.

Für Gedichte oder ähnliche Strukturen ist die Umgebung {verse} vorgesehen; hier wird ein negativer Erstzeileneinzug verwendet. Absätze (Strophen) sind durch Leerzeilen getrennt, die einzelnen Zeilen einer Strophe beendet \\. Zu lange Zeilen umbricht TEX automatisch.

Theoreme und andere, meistens nummerierte Strukturen, verwaltet LATEX mit speziellen Umgebungen.

```
\begin{theoremname}[theoremname]
    Inhalt
\end{mtheoremname}
```

Der Theoremname erscheint in runden Klammern hinter der Nummerierung des Theorems und kann auch weggelassen werden.

Die Definition einer Umgebung für Theoreme erfolgt so:

```
\newtheorem{theoremname}{überschrift}[bezug]
```

bezug gibt an, auf welcher Abschnittsebene die Nummerierung neu beginnt, voreingestellt gilt sie für das gesamte Dokument.

Standard-LATEX unterstützt nur eine begrenzte Variabilität bei der Formatierung von Theoremen. Das Makropaket theorem erweitert die Möglichkeiten zur Gestaltung von theoremartigen Umgebungen wesentlich und sollte bei Bedarf eingesetzt werden.

Manuelle Formatierungen: Umbrüche

In machen Situationen ist es am einfachsten (oder am besten), mit manuellen Formatierungen eine gewisse Stabilität in einem Dokument zu erzeugen. In umfangreichen Dokumenten hat der \chapter-Befehl diese Wirkung, da Kapitel immer auf einer neuen Seite beginnen. Es gibt aber für viele Situationen weitere Befehle, die manuelle Formatierungen erlauben.

Manueller Seitenumbruch

Es gibt zwei Möglichkeiten, eine begonnene Seite manuell zu umbrechen: direkt, also unmittelbar, der Rest der Seite bleibt leer, oder ausgeglichen. Im zweiten Fall verteilt TeX das Material gleichmäßig über die Seite, was nicht unbedingt einen guten Satz ergibt. Folgende Möglichkeiten gibt es, Seiten manuell zu umbrechen:

\cleardoublepage und \clearpage
> Beendet die Seite unmittelbar, alle noch nicht gesetzten Gleitobjekte werden aber zuvor ausgegeben. \cleardoublepage wirkt bei zweiseitigen Dokumenten wie \clearpage, sorgt dabei aber dafür, dass die nächste Seite eine rechte ist (wie bei Kapitelanfängen bei book voreingestellt); falls erforderlich, wird eine Leerseite automatisch eingefügt. Bei zweispaltigem Satz beenden diese Makros nur die aktuelle Spalte, \cleardoublepage sorgt dafür, dass es auf einer neuen Seite weitergeht.

\enlargethispage{*länge*}
> Dieses Makro erlaubt, die Länge des Textblocks für die aktuelle Seite zu verändern. Das sollte nur in Ausnahmesituationen erfolgen. Positive Werte für *länge* verlängern die Seite, negative reduzieren sie. Die Sternform des Makros \enlargethispage* reduziert gleichzeitig alle vertikalen Abstände auf der Seite auf ein Minimum. Seiten sollten aus typografischen Gründen maximal um eine Zeile verlängert werden.

\newpage
> Dieses Makro führt zu einem unmittelbaren Seitenumbruch dort, wo das Makro im Quelltext auftritt, die aktuelle Zeile wird ebenfalls beendet, Gleitobjekte nicht gesetzt (sie erscheinen aber oft auf der folgenden Seite).

`\pagebreak`[*Gewichtung*]

> `\pagebreak` führt einen Seitenumbruch dort durch, wo das Makro im Quelltext auftritt, die aktuelle Zeile wird aber noch beendet. Auch streckt TeX das setzbare Material auf der Seite so, dass die gesamte Seite möglichst gleichmäßig ausgefüllt wird. Dazu werden Abstände zwischen Absätzen maximal gestreckt.
>
> Der Faktor *Gewichtung* steuert, mit welcher Stärke TeX den Seitenumbruch zu erzwingen versucht (und welche typografische Unausgewogenheit dabei toleriert wird). 1 bis 3 forcieren den Umbruch mit zunehmender Stärke, 4 oder keine Angabe erzwingen ihn.

`\nopagebreak`[*Gewichtung*]

> Versucht einem Seitenumbruch zu verhindern. *Gewichtung* gibt dabei die Stärke an, mit der dies versucht wird (und steuert die Toleranz für typografische Unausgewogenheit dabei). 1 bis 3 forcieren ihn mit zunehmender Stärke, 4 unterdrückt den Umbruch.
>
> Nicht immer gelingt dies, dann muss die Seite entweder zuvor manuell umbrochen oder mittels `\enlargethispage` verlängert werden.

Anmerkungen:

Derzeit existiert mit dem Befehl `\samepage` bzw. der gleichnamigen Umgebung {samepage} eine weitere Möglichkeit, Material ohne Seitenumbruch auszugeben. Dieses Makro wird aber wohl in zukünftigen Versionen nicht mehr unterstützt werden. Es setzt wesentliche (interne) Parameter so, dass Seitenumbrüche sehr, sehr schwer (sehr »teuer«, durch hohe Penalties) werden.

Im Zweifelsfall sollte das Material innerhalb einer Box (oder {minipage}) gesetzt werden, was sicher den Umbruch verhindert. Allerdings kann dies das Layout negativ beeinflussen. Um das zu vermeiden, gibt es die Gleitobjekte.

Es gibt einen (internen) Parameter, der Worttrennungen an einem Seitenumbruch »teuer« macht: `\brokenpenalty`. Dieser Wert ist normalerweise niedrig eingestellt (100), sollte aber wohl lieber einen hohen Wert erhalten (9999 oder ähnlich).

Manueller Zeilenumbruch

Auch Zeilen lassen sich manuell umbrechen, wobei das folgende Material noch zum aktuellen Absatz gehört.

`\\`[*Abstand*]

> Dies erzwingt einen unmittelbaren Zeilenumbruch (ohne Randausgleich). Dem Makro kann als optionales Argument die Größe des vertikalen Abstands zur nächsten Zeile übergeben werden, also etwa `\\[2cm]`. Achtung: LaTeX interpretiert den Inhalt folgender eckiger Klammern als *Abstand*, auch wenn davor Leerzeichen stehen. Um das zu vermeiden muss es `\\{}[...]` heißen.

`\newline`

> Beendet die Zeile unmittelbar. Die Möglichkeit, optional einen vertikalen Abstand zur nächsten vorzugeben, entfällt.

`\linebreak`[*Gewichtung*]

> Ein Zeilenumbruch mit Randausgleich ist durch `\linebreak` möglich. Diesem Makro kann als optionales Argument eine Ganzzahl zwischen 1 und 4 (zwingend, Voreinstellung) übergeben werden, die eine Gewichtung ermöglicht. Abhängig von der aktuellen Formatierung entscheidet TeX dabei, ob der Umbruch mit Randausgleich erfolgt oder nicht, je nachdem, was einen besseren Gesamteindruck erzeugt. Fehlende optionale Argumente (oder der Wert 4) erzwingen den Umbruch.

`\nolinebreak`[*Gewichtung*]

> Analog zu `\nopagebreak` verhindert dieses Makro Zeilenumbrüche mit der angegebenen *Gewichtung*, 4 ist das Maximum.

Schriften und Zeichensätze

Zeichensätze oder Fonts sind »reale« Schriften, die in Form von Dateien im System installiert werden können. TeX benötigt von ihnen nur die TFM-Files mit den metrischen Informationen, um sie zum Satz verwenden zu können, Ausgabetreiber lesen dann die Informationen über die Schriftformen bei der Darstellung. pdfTeX unterstützt die Verwendung von TrueType- und PostScript-Fonts.

Unter einer »Schrift« versteht LATeX eine logische Einheit, die aus bis zu fünf (unabhängigen) Attributen besteht, die durch mehrere Fonts realisiert werden. Wieder wird hier auf Abstraktion gesetzt, um verschiedene Schriften mit gleichen Befehlen behandeln zukönnen.

Eine »Schriftfamilie« besteht aus mehreren »Schriftschnitten« (aufrecht, kursiv, geneigt), die unterschiedlichen »Schriftserien« (fett, breit, schmal, normal) angehören und in verschiedenen »Schriftgrößen« verwendet werden. Jedes dieser Attribute lässt sich über spezielle Makros gezielt auswählen, was aber normalerweise nicht erforderlich ist. Die Dokumentenklassen oder spezielle Makropakete stellen für das Dokument geeignete Werte vorab so ein, dass der Anwender mit wenigen Befehlen immer die richtige Schrift erhält.

Für die Befehle gibt es jeweils zwei Varianten. Die erste (Deklarationsform) wirkt ab dem Auftreten im Text bis zum Ende der aktuellen Gruppe oder bis ein erneuter Wechsel erfolgt. Die zweite (Befehls-)Form wirkt nur auf den im Argument enthaltenen Text. Dieser darf keine Absätze (oder Leerzeilen) enthalten.

Es ist durchaus denkbar, dass bestimmte Dokumentenklassen zusätzliche Befehle bereitstellen, abhängig vom geplanten Einsatz. Wie diese wirken und welche Vorausetzungen das erfordert, beschreibt dann die zugehörige Dokumentation.

Voreingestellt gibt es drei Schriftfamilien in LaTeX-Dokumenten:

`\rmfamily` und `\textrm{`*text*`}`
> Dies aktiviert die voreingestellte »Roman«-Schrift, die normalerweise für den Fließtext verwendet wird.
>
> Intern definiert das Makro `\rmdefault` die verwendete Schriftfamilie.

`\sffamily` und `\textsf{`*text*`}`
> Aktiviert (meistens) die serifenlose Schriftfamilie, mit der oft Überschriften oder andere spezielle Elemente in einem Dokument erscheinen.
>
> Intern definiert das Makro `\sfmdefault` die verwendete Schriftfamilie.

`\ttfamily` und `\texttt{`*text*`}`
> Dies wird für die spezielle dicktengleiche Schrift, wie sie eine Schreibmaschine hat, verwendet. Sie wird oft für Listings, Quelltexte, Originalzitate oder Ähnliches eingesetzt.
>
> Intern definiert das Makro `\ttmdefault` die verwendete Schriftfamilie.

Wie diese Schriften (mit welchen Fonts) realisiert werden, ist dabei für den Anwender zweitrangig. Dies regelt die Dokumentenklasse oder ein entsprechendes Makropaket.

Für diese Schriften gibt es voreingestellt mindestens zwei unterschiedliche Schriftserien. Gewöhnlich sind dies:

`\bfseries` und `\textbf{`*text*`}`
> Aktiviert den Fettdruck. Dieser sollte *nicht* als normale Auszeichnung verwendet werden, siehe unten.

`\mdseries` und `\textmd{`*text*`}`
> Aktiviert die »normale«, nicht-fette Schrift, wie sie voreingestellt ist.

Die meisten Schriften lassen sich in vier Schriftschnitten nutzen:

`\itshape` und `\textit{`*text*`}`
> Aktiviert den Kursivsatz. Normalerweise ist dies die »richtige« Form für Hervorhebungen im Text (Auszeichnungen), allerdings gibt es dafür mit `\emph` ein besser geeignetes Makro.

`\slshape` und `\textsl{`*text*`}`
> Schaltet eine (oft nachträglich in den Fonts durchgeführte) geneigte Schrift ein. Diese Form wird selten benötigt.

`\scshape` und `\text{`*textsc*`}`
> `sc` steht für »small caps« (also Kapitälchen). Oft wird diese Schrift »künstlich« aus verkleinerten Großbuchstaben in den Fonts erzeugt.

`\upshape` und `\textup{`*text*`}`
> Aktiviert die aufrechte Schrift, wie sie voreingestellt ist.

Schriftgrößen unterliegen bei LaTeX-Dokumenten im Prinzip keinen Restriktionen, sofern skalierbare Fonts eingesetzt werden. Aber es gibt wieder eine Gruppe (in der Dokumentenklasse sinnvoll voreingestellter) Makros, die Schriftgrößenanpassungen aus typografischer Sicht sinnvoll vornehmen. Sie ergeben eine abgestufte Reihe: `\tiny`, `\scriptsize`, `\footnotesize`, `\small`, `\normalsize`, `\large`, `\Large`, `\LARGE`, `\huge` und `\Huge`.

Auch die Gliederungsbefehle (`\section` usw.) oder die zur Titelgestaltung eingesetzten verwenden implizit diese Makros.

Das Makro `\fontsize{`*Schriftgröße*`}{`*Durchschuss*`}` erlaubt eine freie Auswahl der Schriftgröße, wobei immer gleichzeitig der Durchschuss angegeben wird. Die Auswahl wird erst aktiv, wenn einer der oben beschriebenen Deklarationsbefehle oder `\selectfont` aufgerufen wird.

Hervorhebungen, Auszeichnungen

Um im Text bestimmte Passagen zu betonen, sind Auszeichnungen und Hervorhebungen möglich. Diese erfolgen durch einen Schriftwechsel, der aber *nicht* mit den oben beschriebenen Makros vorgenommen werden sollte. Als Deklarationsbefehl verwendet LaTeX dafür \em, die Befehlsform heißt \emph. Normalerweise erfolgt die Definition dieser Makros so, dass eine *einfache Hervorhebung* kursiv gesetzt wird, eine *Hervorhebung* in einer *Hervorhebung* erscheint dann wieder aufrecht. Das machen die oben beschriebenen Makros zum Schriftwechsel nicht automatisch, daher sollten die hier beschriebenen dafür eingesetzt werden.

Manche Dokumentenklassen verwenden andere Formen der Auszeichnung, diese sollten dann in der Originaldokumentation beschrieben sein.

Zeichen ein- und ausgeben

LaTeX verfügt über ein unvergleichlich großes Repertoire an Zeichen, die in Dokumenten dargestellt werden können. Viele Makropakete erweitern diesen Vorrat noch um Sonderzeichen für spezielle Darstellungen, etwa besondere mathematische Formen, spezielle Symbole oder anderes.

Da LaTeX in der Lage ist, nahezu beliebige Eingabezeichen zu »verstehen« und entsprechend auszugeben (einschließlich UNICODE), lassen sich bei korrekter Eingabekodierung (mit dem Makropaket inputenc) viele Zeichen direkt eingeben. Alternativ stehen für sehr viele Zeichen spezielle Makros zur Ausgabe zur Verfügung, was ermöglicht, diese Zeichen auch auf einfache Weise zu kombinieren.

Zu beachten ist, dass es (etwa) zehn Zeichen gibt, die voreingestellt eine besondere Funktion haben und nicht literal (als das durch sie dargestellte Zeichen) gesetzt werden, siehe Tabelle 3 auf der nächsten Seite.

Weitere Zeichen können in bestimmten Makropaketen oder Dokumentenklassen mit besonderen Funktionen belegt werden. Intern gibt es 16 Zeichenklassen, anhand derer TeX die Funktion eines Zeichens bestimmt.

Zeichen	Bedeutung	Darstellung
\	Makros	\textbackslash
%	Kommentar	\%
$	Mathematikmodus	\$
^	hoch (Mathematikmodus)	\^
$	tief (Mathematikmodus)	_
{	Gruppenanfang	\{
}	Gruppenende	\}
#	Makroparameter	\#
&	Tabellentrennzeichen	\&
"	aktiv (n)german	\dq
~	aktiv (spezielles Leerzeichen)	\textasciitilde

Tabelle 3: LaTeXs Zeichen mit besonderer Funktion

Leerzeichen

Normalerweise erzeugt eine beliebige Anzahl von (unmittelbar aufeinander folgenden) Leerzeichen im Quelltext ebenso wie ein Zeilenumbruch (aber keine Leerzeile!) genau *ein* Leerzeichen in der Ausgabe. Im Rahmen der Formatierung kann TeX die Größe von Leerzeichen innerhalb einem Absatzes (und einer Zeile) etwas variieren.

Anmerkung: TeX erlaubt die Verteilung von Leerräumen in einer Zeile auf unterschiedliche Weise. So sind voreingestellt (durch \nonfrenchspacing) Leerzeichen nach Interpunktionszeichen etwas kleiner oder größer als zwischen normalen Wörtern im Fließtext. \frenchspacing deaktiviert dieses Verhalten (alle Leerzeichen sind gleich groß), was auch automatisch beim Laden des Makropakets (n)german erfolgt.

TeX umbricht Zeilen bevorzugt an diesen Leerzeichen, so dass es manchmal sinnvoll ist, Leerzeichen einzufügen, an denen *kein* Zeilenumbruch möglich ist. Dies ermöglicht voreingestellt die Tilde (~).

Zeichen	Bedeutung
~	Leerzeichen ohne Zeilenumbruch
\quad	Leerzeichen mit Breite 1 em
\qquad	Leerzeichen mit Breite 2 em
\enskip	Leerzeichen mit Breite 0.5 em
\,	Leerzeichen mit Breite \thinspace (0.16667 em)
\:	Mathematikmodus: mittlerer Abstand
\;	Mathematikmodus: breiter Abstand
\,	Mathematikmodus: kleiner Abstand
\!	Mathematikmodus: negativer kleiner Abstand

Tabelle 4: LaTeXs Abstandsmakros

Es gibt mehrere Makros, die spezielle Formen von Leerzeichen in den Text einfügen. Tabelle 4 fasst die wichtigsten zusammen.

Weiterhin ermöglicht \hspace{*Abstand*} einen beliebigen horizontalen Leerraum in einem Dokument einzufügen, der allerdings verfällt, sofern er am Anfang oder Ende einer Zeile erscheint. Das verhindert die Sternform des Makros: \hspace*. *Abstand* wird mit einer Längeneinheit angegeben.

Um den Rest einer Zeile (oder den möglichen Freiraum in einer Box) zu füllen, gibt es \hfill. Dieser schiebt das Material so weit wie möglich auseinander. Die Variante \hfil entspricht einer schwächeren Feder und schiebt das Material nur halb so weit auseinander.

Dann gibt es noch die Möglichkeit, anstelle eines Leerraums setzbares Material einzufügen:

\hrulefill _____

setzt eine horizontale Linie geringer Stärke entlang der Grundlinie.

\dotfill .... setzt stattdessen Punkte entlang der Grundlinie.

Binde-, Trenn- und Gedankenstriche

Makros für vier unterschiedliche horizontale Striche kennt LATEX: kurze Bindestriche (- für -), mittlere Bis-, Gegen- oder Gedankenstriche (-- für –), lange englische Gedankenstriche (--- für —, *nicht* in deutschen Dokumenten verwenden, da diese Form einer typografischen Beleidigung nahekommt), die auch in Tabellen nützlich sind, da sie genau die Breite von zwei Ziffern haben, und das Minuszeichen im Mathematikmodus ($-$ für $-$). In den meisten Fonts unterscheiden sich diese Striche relativ deutlich voneinander. Bei den Gedankenstrichen handelt es sich um Ligaturen.

Für automatisch eingefügte Trennstriche verwendet TEX ein weiteres Zeichen, das mit \defaulthyphenchar einstellbar ist.

Akzente, diakritische Zeichen und Ligaturen

Akzente sind Punkte, Striche oder Ähnliches über oder unter anderen Zeichen (meistens gewöhnlichen Buchstaben). Diese Akzente unterstützt LATEX direkt.

Eingabezeichen	Ausgabe	Eingabezeichen	Ausgabe
\r {o}	o̊	\'o	ò
\=o	ō	\H o	ő
\'o	ó	\.o	ȯ
\u o	ŏ	\~o	õ
\b o	o̲	\"o	ö
\d o	ọ	\v o	ǒ
\c o	o̧	\t oo	o͡o
\k o	ǫ	\textcircled o	ⓞ

Tabelle 5: Akzente

Zwei Punkte über Buchstaben lassen sich also immer durch \"*Zeichen* erzeugen, wie dies bei Umlauten erforderlich ist. Allerdings ist diese Form heute nicht mehr sinnvoll, da die Makropakete (n)german bessere Möglichkeiten bieten. Nach dem Einbinden reicht

"*Zeichen* aus, um eine typografisch korrekte Darstellung zu erzeugen. Zusätzlich lassen sich dann durch "s bzw. "z ß erzeugen, bei Großbuchstaben erzeugt "S SS, "Z wird zu SZ. "ck erzeugt ein »ck«, das bei der Silbentrennung in »k- k« aufgeteilt wird; "ff, "ll, "mm, "nn, "pp, "rr und "tt trennt TeX in drei Konsonanten: »ff-f«.

Häkchen, Strichen usw., die Buchstaben verzieren heißen »diakritische Zeichen« . Es gibt viele davon in den verschiedenen Sprachen. Eine »Ligatur« hingegen entsteht aus dem Zusammenziehen mehrerer Buchstaben, so dass sie drucktechnisch durch eine Zeichen (im Font) realisiert sind.

Eingabezeichen	Ausgabe	Eingabezeichen	Ausgabe
\AA	Å	\aa	å
\AE	Æ	\ae	æ
\L	Ł	\l	ł
\OE	Œ	\oe	œ
mit T1-Kodierung			
\DH	Ð	\dh	ð
\DJ	Đ	\dj	đ
\NG	Ŋ	\ng	ŋ
\TH	Þ	\th	þ

Tabelle 6: Ligaturen und diakritische Zeichen

Viele der Zeichen lassen sich abhängig von der verwendeten Eingabekodierung direkt eingeben. Allerdings gibt es auch (immer) die Möglichkeit, sie durch spezielle Makros zu setzen, was historisch begründet und manchmal einfacher ist. Weiterhin stehen einige Zeichen nur bei der Ausgabekodierung T1 zur Verfügung. Insbesondere diese Zeichen sind es, die in vielen TrueType- und PostScript-Fonts fehlen. Beim Einbinden derartiger Fonts wird versucht, diese Ligaturen nachzubilden. Ligaturen erzeugt TeX automatisch, wenn die entsprechenden Zeichen in der Ausgabekodierung als Ligatur definiert sind. Allerdings sollen sie sich nicht über Silbengrenzen erstrecken,

Eingabezeichen	Ausgabe	Eingabezeichen	Ausgabe
ff	ff	fl	fl
ffl	ffl	ffi	ffi
--	–	---	—
!`	¡	?`	¿

mit T1-Kodierung

Eingabezeichen	Ausgabe	Eingabezeichen	Ausgabe
>>	»	<<	«
,,	„	,,	„

Tabelle 7: Standardligaturen

was die Lesbarkeit verschlechtert. Es gibt daher mehrere Möglichkeiten, Ligaturen zu unterbinden: Eine Gruppe leere {} zwischen den zur Ligatur zusammengezogenen Buchstaben verhindert sie sicher, ebenso wie \/ oder das Makro \textcompwordmark. (n)german stellt den Befehl "| dafür zur Verfügung.

Viele weitere Zeichen stehen im Mathematikmodus zur Verfügung, siehe Kapitel *Mathematikmodus*, ab Seite 63.

Trennhilfen

\- erzeugt eine »normale« Trennstelle für TeX, an der ein Trennstrich eingefügt wird. Die Makropakete (n)german enthalten weitere Trennhilfen: "- erzeugt ebenfalls eine »normale« Trennstelle, "" eine Trennstelle ohne Trennstrich, "= einen Trennstrich, ohne andere Trennstellen zu beeinflussen,

"~ interpretiert TeX als Bindestrich *ohne* Trennstelle, was sinnvoll ist, da TeX voreingestellt bevorzugt an Bindestrichen trennt.

Besondere Symbole

Einige Sonderzeichen gehören zum LaTeX-Standard und sind daher immer verfügbar, abhängig von der Eingabekodierung auch direkt:

Viele Währungszeichen lassen sich ebenfalls darstellen, auch wenn sie nur in wenigen Fonts vorhanden sind.

Eingabezeichen	Ausg.	Eingabezeichen	Ausg.
\S oder §	§	\copyright oder ©	©
\P oder ¶	¶	\pounds oder £	£
\dag	†	\ddag	‡
\textregistered	®	\texttrademark	™

Tabelle 8: Standardsonderzeichen

Euro-Zeichen

Das Euro-Zeichen steht mit dem Befehl € in den Eingabekodierungen latin9, ansinew, cp1250, cp1252 und cp858 zur Verfügung, oder nach dem Laden verschiedener Makropakete, etwa textcomp.

Anführungszeichen

Es gibt viele unterschiedliche Varianten von Anführungszeichen: 'einfache', "doppelte", »französische« und weitere.

'einfache', "doppelte'', >>französische«

Typografisch korrekt sind dabei die durch die „T1-Ligaturen" unterstützte Form: ,,T1-Ligaturen'' oder die »französischen«.

Das Paket (n)german enthält viele Varianten, siehe Tabelle 9.

Verbatime Darstellung

In technischen Dokumentationen ist es oft sinnvoll, bestimmte Teile so darzustellen, wie sie später in einer Konfigurationsdatei, auf dem Terminal oder ähnlichen Situationen tatsächlich verwendet werden. LaTeX kennt dafür die »verbatime« (wortwörtliche oder »literale«) Darstellung und nutzt die dicktengleiche Schreibmaschinenschrift.

Im Prinzip lassen sich die meisten Ausgaben mit den Befehlen \texttt (für kurze Texte ohne Absätze) oder \ttfamily für längere Passagen einsetzen. In diesem Fall verwendet TeX weiterhin die normalen Satzregeln, allerdings ist dabei oft die Silbentrennung deaktiviert. LaTeX-Sonderzeichen lasen sich nur über Umwege verwenden,

Kurzform	Befehlsform	Beispiel
"`	\glqq oder \quotedblbase	„normale
"'	\grqq oder \quotedbrbase	deutsche"
	\glq, \quotedsinglbase	‚halbierte
	\grq	deutsche'
"< oder <<>	\flqq, \guillemotleft	«(guille-
"> oder >>>	\frqq, \guillemotright	mets)»
	\flq oder \guilemotleft	
	\frq oder \guilemotright	
`` (Ligatur)	\textquotedblleft	"angelsächsi-
'' (Ligatur)	\textquotedblright	sche Form"
`	\textquoteleft	'halbe angel-
'	\textquotright	sächsische'
"	\dq oder \textquotedbl	"quotes"

Tabelle 9: Anführungszeichen mit (n)german

da ihre direkte Eingabe wie im Fließtext ausgewertet wird. Mit den Makros \verb bzw. \verb* erfolgt diese Auswertung *nicht*, so dass sich *alle Zeichen* nutzen lassen: \verb+"\§§...+ erzeugt: \§§...

Das erste auf den Befehlsnamen folgende Zeichen definiert sowohl den Anfang als auch das Ende der verbatimen Zeichenkette. Bei der Sternform stellt LaTeX Leerzeichen als »␣« dar. Zeilenumbrüche und das Begrenzungszeichen dürfen allerdings nicht auftreten, und diese Makros können nicht in den Argumenten anderer Makros stehen.

Die Umgebung {verbatim} ist für längere verbatime Passagen vorgesehen, sie lässt Leerzeilen (Absätze) und alle (Sonder-)Zeichen zwischen \begin{verbatim} und \end{verbatim} zu. Mit {verbatim*} gibt es ein Pendant zu \verb*.

In einigen Situationen wäre es wünschenswert, Zeichen sowohl verbatim darzustellen als auch die Möglichkeit zu haben, Makros auszuführen. Dies ermöglicht die im Paket alltt definierte Umgebung {alltt}. Sie funktioniert im Prinzip wie {verbatim}, mit der Ausnahme, dass \, { und } ihre Funktion behalten. Zeilenumbrüche bleiben in eingeschlossenen Passagen erhalten, die Darstellung erfolgt mit einer dicktengleichen Schrift. Da sich die normalen Makros nutzen lassen, kann dies durch \rmfamily oder Ähnliches angepasst werden.

Anmerkung: Das Makropaket verbatim stellt zahlreiche weitergehende Möglichkeit zur verbatimen Darstellung (auch aus externen Dateien) bereit. Mit dem Paket shortvrb lassen sich spezielle Zeichen zur Verbatimdarstellung einsetzen. \MakeShortVerb definiert ein solches Zeichen (etwa \MakeShortVerb\!. Dann erzeugt !verb! die Ausgabe verb. \DeleteShortVerb löscht das Spezialzeichen wieder.

Was noch fehlt

Es gibt eine Reihe von Makros und Parametern, die die Formatierung auf verschiedenen Ebenen beeinflussen. Üblicherweise sollten sie nicht oder nur mit Vorsicht eingesetzt bzw. verändert werden, da es sonst zu unerwünschten Nebenwirkungen kommen kann. Allerdings gibt es Situationen, in denen eine manuelle Steuerung viel Arbeit spart und die Ergebnisse deutlich verbessert. Hier folgt eine kleine Auflistung wichtiger Makros und Parameter:

\onecolumn oder \twocolumn[*Text*]
> Diese Makros erlauben es, seitenweises umzuschalten zwischen dem Ein- bzw. Zweispaltensatz. Im zweiten Fall wird der optional angegebene *Text* über beide Spalten gesetzt.

\emergencystretch
> Diese Länge kommt zum Tragen, wenn TeX in einem Absatz keine guten Umbrüche ermitteln konnte. Positive Werte interpretiert TeX als zusätzliche Länge, die innerhalb einer Zeile zur Streckung verfügbar ist, um so überlange Zeilen zu verhindern.

\pretolerance (Voreinstellung: 1100) und \tolerance (100)
> Diese beiden Penalties steuern die zulässigen Abweichungen bei

der Formatierung. Veränderungen der voreingestellten Werte haben weitreichende Folgen, daher ist Vorsicht angebracht. Viele Dokumentenklassen stellen hier abweichende Werte ein.

\ignorespaces und \ignorespacesafterend

In Makrodefinitionen oder komplizierten Umgebungen kann es erforderlich sein, Leerzeichen explizit zu unterdrücken, da TeX sie fälschlicherweise berücksichtigt. \ignorespacesafterend macht das auch nach dem \end von Umgebungen möglich.

\protect

In manchen Situationen erzeugt die Übersetzung Fehler, obwohl syntaktisch alles korrekt ist. In diesen Fällen kann es sein, dass ein Makro vorzeitig expandiert, was nicht immer sofort zu erkennen ist. Dann hilft es, der problematischen Struktur (dem Makro oder der Umgebung) ein \protect voranzustellen. In älteren LaTeX-Versionen war das noch oft erforderlich, heute ist das selten der Fall und könnte auch auf einen anderen, tiefer liegenden Fehler hindeuten.

\stop

Falls eine Übersetzung zu einem Fehler führt, erscheint der TeX-Prompt und es gibt mehrere Reaktionsmöglichkeiten. [x] beendet die Bearbeitung, [q] unterdrückt weitere Fehlermeldungen, [s] führt sie fort, ohne bei Fehlern anzuhalten, und [e] startet einen Editor mit der relevanten Codezeile.

Manchmal ist es aber besser, bei Fehlern zunächst noch die Ausgabe anzusehen, da sie möglicherweise Aufschluss über die Ursachen gibt. Dann bringt \stop LaTeX oft dazu, die aktuelle Seite auszugeben.

errorcontextlines

TeX interpretiert den Inhalt dieses Zählers als Anzahl von Zeilen, die bei Fehlern zusätzlich angezeigt werden, weil sie weitere Informationen enthalten könnten.

\fussy, \sloppy und {sloppypar}

\fussy aktiviert die (voreingestellte) »pingelige« Formatierung durch TeX, während \sloppy größere Abstände in den Zeilen zulässt. \sloppypar ist eine Umgebungsvariante von \sloppy. Innerhalb von \parboxen und durch Boxen realisierten Tabellenspalten sowie in {minipage}s wird dies automatisch aktiviert.

Zwei Parameter steuern, wie LaTeX Satzmaterial und Leerräume auf den Seiten verteilt. Bei den Dokumentenklassen wie book (oder bei \twocolumn) verteilt TeX das Material so, dass die Seitenunterkanten immer bündig sind. Alle Leerräume auf einer Seite werden dafür gestreckt, was dem Makro \flushbottom entspricht. Das gegenteilige Verhalten erzeugt \raggedbottom: Hier bleiben die Leerräume konstant, dafür sind die Seitenunterkanten variabel. Die Seitenumbrüche verändern sich nicht.

Listen

Listen sind Strukturen, die »Listenpunkte« ausgerichtet darstellen, oft gefolgt (von einem eingerückt gesetzten) erklärenden Text. Sie lassen sich im Fließtext verwenden, erzeugen keine Box und ermöglichen eine Schachtelung bis maximal sechs (oft weniger) Ebenen. Ihre Realisierung erfolgt durch eine Umgebung, `\item` leitet die Listenpunkte ein. Standard-LaTeX unterstützt mehrere Listentypen. Viele Makropakete (und Dokumentenklassen) modifizieren diese oder definieren gleich neue Varianten.

LaTeX erlaubt weitgehende Einstellungen für Listen, die allerdings nicht ganz einfach anzuwenden sind. Das Makropaket layouts erlaubt durch `\listdiagram` (siehe Abbildung auf der nächsten Seite) auf einfache Weise, eine Darstellung aller relevanter Parameter. `\currentlist\listdesign` erzeugt eine Darstellung mit den aktuellen Parametern, was für die Fehlersuche sehr nützlich ist; `\listvalues` gibt die Werte der relevanten Variablen aus.

Listentypen

Voreingestellt kennt LaTeX diese Listentypen:

`{description}`
> Eine Liste vom Typ Stichwort und Erklärung, wie sie beispielsweise in einem Glossar Anwendung findet. Das (ausgezeichnete) Stichwort erscheint linksbündig, der erklärende Text schließt sich an, wird aber eingerückt.

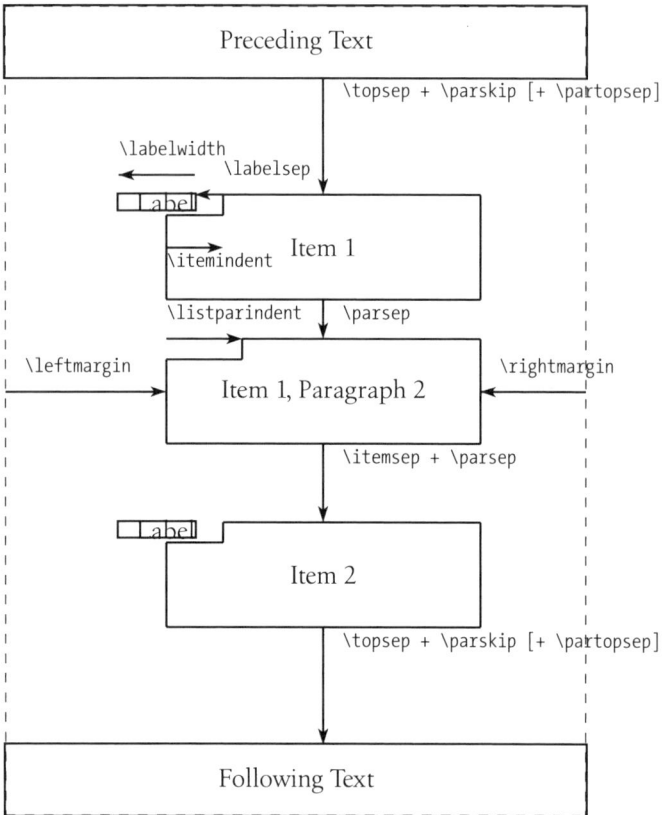

Abbildung 2: Listenparameter, \partopsep nur bei abgesetzten (als eigener Absatz formatierten) Listen
Diese Ausgabe erfolgt mit dem im Makropaket layouts definierten Makros \currentlist und \listdiagram.

{enumerate}

Eine nummerierte Liste. Jedem Listenpunkt stellt LATEX automatisch eine (fortlaufende) Nummer voran. Jede Liste beginnt die Nummerierung neu. Ihr Stil (für die Nummerierung) ändert sich mit jeder Ebene. Das Makropaket **enumerate** erweitert die Möglichkeiten dieser Umgebung. \labelenumi, \labelenumii, \labelenumiii und \labelenumiv erzeugen die Nummern. Sie stellen die Zähler enumi bis enumiv dar und lassen sich bei Bedarf redefinieren.

{itemize}

Die so genannte Spiegelstrichliste, in der eine Marke vor jedem Listenpunkt erscheint. Die Marke ändert sich mit jeder Ebene. \labelitemi bis \labelitemiv definieren die Marken, \item kann als optionales Argument eine abweichende Marke verwenden: \item[*abweichende Marke*].

{labeling}

KOMA-Script-Dokumentenklassen haben zusätzlich diese Liste. Sie entspricht etwa {description}, ermöglicht aber die Angabe eines Trennzeichens (optional, fehlt bei {description}) und die Vorgabe der Einrückung (obligatorisch, bei {description} fest eingestellt).

\begin{labeling}[*Trennzeichen*]{*Mustermarke*}

...

\end{labeling}

{list}

Dies ist die ursprüngliche Listenumgebung, auf der die anderen aufbauen. Sie lässt sich ziemlich weitreichend an die Bedürfnisse anpassen. Ihre Syntax sieht so aus:

\begin{list}{*Listenlabel*}{*Einstellungen*}

...

\end{list}

Im Argument *Listenlabel* lässt sich die Markierung voreinstellen. Durch \usecounter{*Zähler*} lassen sich Zählerstände auswerten.

Einstellungen ist für diverse Parameter-(vor)einstellungen, insbesondere die in der Abbildung auf der vorherigen Seite gezeigten Längen, vorgesehen.

Eine Variante der Listenumgebung heißt {trivlist}. Diese verein-
fachte Liste ist die Basis für Umgebungen wie {quote}, {center},
{alltt}, \[...\] und andere. In diesen Fällen nutzen die Umgebungen zum einen die vertikalen Abstände vor und nach einer
{trivlist}, zum anderen die Möglichkeiten, horizontale Einstellungen vorzunehmen. Listenpunkte sind dort nicht vorgesehen.

Mathematikmodus

Im Mathematikmodus stehen dem Anwender viele zusätzliche Strukturen und Zeichen zur Verfügung. Allerdings ist dieser Modus für den Textsatz ungeeignet, da z. B. Leerzeichen ignoriert und Abstände nach ganz anderen Regeln (wie sie in mathematischen Formeln gelten) gesetzt werden.

Varianten

TeX verfügt (vereinfacht gesagt) über zwei Varianten des Mathematikmodus. Die eine wie hier ↓ wird zum Satz innerhalb einer Zeile, also in einem Absatz verwendet. Die zweite Form setzt das Material als »abgesetzte Formel«, also als eigenen Absatz:

$$e = mc^2 \leftarrow \text{wie hier} \rightarrow c = \sqrt{\frac{e}{m}}$$

Obwohl beide Varianten im Prinzip genau die gleichen Strukturen unterstützen, gibt es doch eine Reihe von Unterschieden. So werden etwa Grenzen an Symbolen unterschiedlich dargestellt, Abstände und Schriftgrößen der Formelelemente variieren usw.

Diese Möglichkeiten gibt es, Formeln in Absätzen zu erzeugen: $ beginnt und beendet eine Textformel, besser ist es aber, dies mit \(bzw. \) zu tun. Auch eine Umgebungsform gibt es dafür: {math}.

Analoge Möglichkeiten gibt es auch für abgesetzte Formeln: $$ sollte *nicht* verwendet werden, weil diese die vertikalen Abstände in LaTeX-Dokumenten verzerrt. Stattdessen wird \[und \] empfohlen, die Umgebungsform heißt hier {displaymath}. Für spezielle Varianten abgesetzter Formeln gibt es viele weitere Umgebungen. Die wichtigsten sind:

{equation}
> Die Umgebung für eine einzelne abgesetzte Formel, die mit einer Nummer versehen wird.

{eqnarray}
> Eine Umgebung für Gleichungssysteme, die wie eine dreispaltige Tabelle aufgebaut ist. Bis zu zwei & dürfen in jeder Zeile eingesetzt werden, um die Ausrichtung vorzunehmen.

> Jede Zeile wird voreingestellt nummeriert, sofern dies nicht \nonumber unterdrückt. \lefteqn erlaubt die Nummer auf der anderen als der voreingestellten Seite zu setzen.

{eqnarray*}
> Eine Variante von {eqnarray}, in der Gleichungssysteme ohne Nummerierung gesetzt werden.

Ein besonderes Makro ist \ensuremath. Es stellt sicher, dass der Inhalt seines obligatorischen Arguments im Mathematikmodus formatiert wird. Erfolgt der Aufruf im Textmodus, aktiviert das Makro automatisch den Modus für eingebettete Formeln. Dieses Makro wird hauptsächlich bei der Definition neuer Makros verwendet.

Das Makropaket **amstex** unterstützt *viele* Varianten und Erweiterungen dieser Umgebungen (und vieles mehr, was für den Mathematiksatz und das Publizieren in Mathematikjournalen nützlich ist).

Schriften in Formeln

Voreingestellt sucht TeX im Mathematikmodus die im Kontext richtigen Schriften automatisch aus. Dabei werden viele in der professionellen Typografie geltenden Regeln berücksichtigt. Lediglich in einigen mehrdeutigen Situationen kann es erforderlich sein, manuell einzugreifen. In diesem Fall ist es nicht möglich, die normalen im Textmodus einsetzbaren Makros wie \text... (oder die Deklarationsformen) einzusetzen, sie funktionieren in Formeln nicht. Stattdessen gibt es spezielle Varianten, die hier einzusetzen sind. Die Textformen heißen \mathbf, \mathit, \mathrm, \mathsf, \mathtt und \mathcal (Kalligraphieschrift). Als Deklarationsbefehle gibt es oft nur \boldmath und \unboldmath.

Text im Mathematikmodus

In manchen Situationen ist es erforderlich, Text als solchen innerhalb einer Formel darzustellen. In diesem Fall ist es oft die einfachste Möglichkeit, ihn innerhalb einer \mbox zu setzen, wobei dort natürlich auch wieder aller normalen Formatierungen aus dem Textmodus zulässig sind. Natürlich können auch \parboxen oder {minipage}s dafür verwendet werden. Komplexere Strukturen lassen sich oft relativ leicht in Form einer Tabelle (die ebenfalls eine Box umgibt) einbauen.

$\mathcal{A}\mathcal{M}\mathcal{S}$-TEX unterstützt den Textsatz in Formeln mit eigenen Makros.

⨿ \amalg	◇ \diamand	⊔ \sqcup
∗ \ast	÷ \div	⊓ \sqcap
◯ \bigcirc	∖ \setminus	⋆ \star
▽ \bigtriangledown	∓ \mp	× \times
△ \bigtriangleup	⊙ \odot	◁ \triangleleft
• \bullet	⊖ \ominus	▷ \triangleright
∩ \cap	⊕ \oplus	∪ \cup
· \cdot	⊘ \oslash	⊎ \uplus
∘ \circ	⊗ \otimes	≀ \wr
‡ \ddagger	± \pm	∨ \vee
† \dagger	⊳ \rhd*	∧ \wedge
⊴ \unlhd*	⊲ \lhd*	⊵ \unrhd*

*Tabelle 10: Binäre Operatoren (*: nur zusammen mit latexsym)*

Mathematische Symbole

TeX teilt die in Formeln auftretenden mathematischen Symbole in sieben bzw. acht Klassen ein. Für jede dieser Klassen gelten spezielle Satzregeln, was zu den guten Ergebnissen führt. Einige Symbole können in mehreren Klassen vorhanden sein, wo sie unter verschiedenen Namen angesprochen werden.

$\approx$ \approx	$\le$ \le, \leq	$\smile$ \smile
$\asymp$ \asymp	$\ll$ \ll	$\simeq$ \simeq
$\bowtie$ \bowtie	$\mid$ \mid, |	$\vdash$ \vdash
$\cong$ \cong	$\models$ \models	$\sqsubseteq$ \sqsubseteq
$\dashv$ \dashv	$\ni$ \ni	$\sqsupseteq$ \sqsupseteq
$\doteq$ \doteq	$\parallel$ \parallel, \\|	$\subset$ \subset
$\equiv$ \equiv	$\perp$ \perp	$\subseteq$ \subseteq
$\frown$ \frown	$\prec$ \prec	$\succ$ \succ
$>$ >	$<$ <	$=$ =
$\ge$ \ge, \geq	$\preceq$ \preceq	$\succeq$ \succeq
$\gg$ \gg	$\propto$ \propto	$\supset$ \supset
$\in$ \in	$\sim$ \sim	$\supseteq$ \supseteq
\join[*]	$\sqsubset$ \sqsubset[*]	$\sqsupset$ \sqsupset[*]

Tabelle 11: Binäre Relationen ([*]: nur zusammen mit latexsym)

Die nächste Klasse enthält Vergleichsoperatoren. \not negiert alle diese Symbole. |a \neq b \notin C| erzeugt: $a \neq b \notin C$

Pfeilsymbole

In vielen Formeln treten Pfeilsymbole mit teilweise recht unterschiedlichen Funktionen auf. LaTeX unterstützt viele Varianten.

Größenvariable Symbole

Einige Symbole stehen in zwei Größen zur Verfügung. Abhängig vom Formeltyp (abgesetzte oder eingebettete Formel) wählt TeX die richtige Variante automatisch aus und passt gegebenenfalls angebrachte Grenzen an.

↓ \downarrow	⟵ \longleftarrow	⇒ \Rightarrow
⇓ \Downarrow	⟸ \Longleftarrow	⇀ \rightharpoondown
↩ \hookleftarrow	↔ \leftrightarrow	⇁ \rightharpoonup
↪ \hookrightarrow	⇔ \Leftrightarrow	⇌ \rightleftharpoons
→ \rightarrow	⟼ \longmapsto	↘ \searrow
← \leftarrow	⟶ \longrightarrow	↙ \swarrow
⇐ \Leftarrow	⟹ \Longrightarrow	↑ \uparrow
↽ \leftharpoondown	↦ \mapsto	⇑ \Uparrow
↼ \leftharpoonup	↗ \nearrow	↕ \updownarrow
↔ \leftrightarrow	↖ \nwarrow	⇕ \Updownarrow
⇔ \Leftrightarrow	↝ \leadsto*	

*Tabelle 12: Pfeilsymbole (* : nur zusammen mit latexsym)*

⋂ \bigcap	⨂ \bigotimes	⋀ \bigwedge	∏ \prod
⋃ \bigcup	⨆ \bigsqcup	∐ \coprod	∑ \sum
⨀ \bigodot	⨄ \biguplus	⨁ \bigoplus	⋁ \bigvee
∫ \int	∮ \oint		

Tabelle 13: Größenvariable Symbole

[\lbrack, [	⌊ \lfloor	⌈ \lceil	{ \lbrace, {
] \rbrack,]	⌋ \rfloor	⌉ \rceil	} \rbrace, }
| \vert, |	‖ \Vert, \\|	⟨ \langle, <	⟩ \rangle, >
↑ \uparrow	⇑ \Uparrow	↓ \downarrow	⇓ \Downarrow
⎛ \lgroup	⎞ \rgroup	∫ \lmoustache	⎱ \rmoustache
((	))	/ /	\ \backslash
↕ \updownarrow		⇕ \Updownarrow	

Tabelle 14: Delimiter, Begrenzungssymbole

Delimiter, Begrenzungssymbole

Auch Begrenzungssymbole (etwa für Matrizen) skaliert TeX bei Bedarf. Dafür gibt es zwei Möglichkeiten: Mit speziellen Makros kann dies manuell erfolgen, dabei gibt es viele Varianten.

\bigl, \Bigl, \biggl und \Biggl formatieren Symbole als linksseitige Begrenzer, \bigm, \Bigm, \biggm und \Biggm als mittlere und \bigr, \Bigr, \biggr und \Biggr als rechtsseitige, jeweils mit steigender Größe.

Andererseits kann eine automatische Größenanpassung durch \left und \right erfolgen, indem diese Makros dem Begrenzungssymbol vorangestellt werden. In diesem Fall benötigt TeX immer beide Makros. Falls nur ein Begrenzungssymbol gesetzt werden soll, wird das nicht dargestellte durch einen . ersetzt.

Funktionen

Üblicherweise erscheinen Funktionsnamen in Formeln mit aufrechter Serifenschrift, wie es \mathrm macht. Dies entspricht auch der Darstellung vordefinierten Funktionen.

arccos \arccos	cos \cos	csc \csc	exp \exp	ker \ker
lim sup \limsup	min \min	sinh \sinh	deg \deg	lim \lim
arcsin \arcsin	gcd \gcd	coth \coth	ln \ln	Pr \Pr
arctan \arctan	sup \sup	cot \cot	det \det	hom \hom
cosh \cosh	log \log	sec \sec	tan \tan	arg \arg
lim inf \liminf	dim \dim	inf \inf	lg \lg	max \max
tanh \tanh	sin \sin			

Tabelle 15: Vordefinierte Funktionen

Für die Modulo-Funktion gibt es in binärer Anwendung den Befehl \bmod und für den parenthetischen Fall \pmod (setzt selbst Klammern um das Argument).

Mathematische Akzente

Für die Darstellung der vielen in mathematischen Formeln verwendeten Akzente gibt es spezielle Makros. Die normalen, für den Textmodus vorgesehenen Makros funktionieren nicht (korrekt).

Weiterhin erzeugt ' einen Strich: a'. Anders erfolgt die Darstellung durch \prime: $a\prime$, als hochgestelltes Zeichen sieht es so aus: $a\prime \neq a'$ erzeugt $a\prime \neq a'$.

$\acute{a}$ \acute	$\check{a}$ \check	$\grave{a}$ \grave	$\tilde{a}$ \tilde
$\bar{a}$ \bar	$\ddot{a}$ \ddot	$\hat{a}$ \hat	$\vec{a}$ \vec
$\breve{a}$ \breve	$\dot{a}$ \dot	$\mathring{a}$ \mathring	

Tabelle 16: Mathematische Akzente

Griechische Buchstaben

Griechische Buchstaben dienen in Formeln oft als Bezeichner oder Variablen. Ihre Darstellung erfolgt voreingestellt kursiv. Normale (lateinische) Buchstaben interpretiert TeX ebenfalls als Variablen und setzt sie daher auch kursiv.

α \alpha		ξ \xi	Ξ \Xi
β \beta		o \o	
γ \gamma	Γ \Gamma	π \pi	Π \Pi
δ \delta	Δ \Delta	ϖ \varpi	
ϵ \epsilon		ρ \rho	
ε \varepsilon		ϱ \varrho	
ζ \zeta		σ \sigma	Σ \Sigma
η \eta		ς \varsigma	
θ \theta	Θ \Theta	τ \tau	
ϑ \vartheta		υ \upsilon	Υ \Upsilon
ι \iota		ϕ \phi	Φ \Phi
κ \kappa		φ \varphi	
λ \lambda	Λ \Lambda	χ \chi	
μ \mu		ψ \psi	Ψ \Psi
ν \nu		ω \omega	Ω \Omega

Tabelle 17: Griechische Buchstaben

Weitere mathematische Symbole und Formelelemente

Die mathematischen Fonts von TeX (und $\mathcal{AMS}$-TeX) unterstützen noch viele weitere Zeichen und Symbole, die für ganz unterschiedliche Zwecke eingesetzt werden. Die im LaTeX-Standard enthalten zeigt Tabelle 18 auf der nächsten Seite.

ℵ \aleph	♭ \flat	¬ \neg
∠ \angle	∀ \forall	∂ \partial
\ \backslash	ℏ \hbar	′ \prime
⊥ \bot	♡ \heartsuit	ℜ \Re
♮ \natural	ℑ \Im	♯ \sharp
♣ \clubsuit	ι \imath	♠ \spadesuit
∃ \exists	∞ \infty	√ \surd
◇ \diamonsuit	ȷ \jmath	⊤ \top
℘ \wp	ℓ \ell	△ \triangle
∅ \emptyset	∇ \nabla	∥ \\|
◇ \Diamond˙	□ \Box˙	℧ \mho˙

Tabelle 18: Diverse mathematische Symbole (˙: mit latexsym)

Weitere Formelelemente

Es gibt viele weitere Strukturen in Formeln, die TeX natürlich alle unterstützt. Wir führen hier die wichtigsten auf. Bei allen diesen Strukturen versucht TeX, automatisch die richtigen Größen für Abstände und Schriften zu ermitteln. Falls das Ergebnis einmal nicht wie erwartet ausfällt, sollte immer zuerst ermittelt werden, warum das der Fall ist. Oft wurde eine falsche Struktur verwendet. Nur wenn dies nicht der Fall ist, sind manuelle Formatierungen sinnvoll.

Brüche
  \frac erzeugt Brüche: $\frac{a}{b}$ Im Fließtext ist die Darstellung a/b oft besser, weil übersichtlicher.

Binomialkoeffizienten und Ähnliches
  Binomialkoeffizienten und ähnliche Strukturen lassen sich mit dem Makro \choose darstellen: $\binom{oben}{unten}$. Varianten sind \atop $oben \atop unten$ oder \over $\frac{oben}{unten}$.
  Achtung: Die Syntax weicht dabei deutlich vom LaTeX-Standard ab. ${oben}\choose{unten}$, dies geht auch für die anderen Makros. Für Relationen gibt es mit \stackrel eine Möglichkeit, sie zu kombinieren: $a \stackrel{?}{=} b$ erzeugt $a\stackrel{?}{=}b$.

Hoch- und tiefgestellte Formelteile (Exponenten/Indizes)

Innerhalb einer Formel lassen sich einige Teile durch ^ oder das Makro \sp hochstellen, etwa um sie als Exponenten zu setzen. Achtung: Dies wirkt nur auf *ein* folgendes Token, daher müssen längere Ausdrücke in Klammern stehen.

`$a<\sp b \sb c$` erzeugt: $a <_c^b$

Zum Tiefstellen (etwa als Index) dient der Unterstrich _ oder \sb. Auch hier wird nur das unmittelbar folgende Token berücksichtigt.

Über- und Unterstreichungen

\overline erzeugt Überstreichungen, \underline Unterstreichungen, `$a\overline{cb\underline{der}}$` erzeugt: $a\overline{cb\underline{der}}$
\underline entspricht *nicht* \underbar.

Auch geschweifte Klammern lassen sich über bzw. unter Formelteilen anbringen. `$a\overbrace{cb\underbrace{der}}$` erzeugt

$a\overbrace{cb\underbrace{der}}$.

\widetilde und \widehat erzeugen: $\widetilde{abcddl}\widehat{fgjpf}$

Grenzen an Symbolen

Für größenvariable Symbole (Seite 66) gibt es die Möglichkeit, Grenzen mittels _ (oder \sb) unten bzw. ^ (oder \sp) oben anzubringen.

Die Makros \limits (Grenzen über- bzw. unter dem Symbol anbringen) bzw. \nolimits (Grenzen daneben setzen) erlauben dabei, in der Formatierung von der Voreinstellung abzuweichen.

Auslassungspunkte in Formeln

Auslassungs- oder Folgepunkte werden in Formeln nicht mit dem für den Textmodus vorgesehenen Makro \dots (oder durch ...) erzeugt. Stattdessen gibt es mehrere spezielle Varianten: \cdots ($\cdots$), \ddots ($\ddots$), \ldots ($\ldots$) und \vdots ($\vdots$). \mathellipsis ist ein Synonym für \ldots.

Matrizen

Für Matrizen und andere ausgerichtete Darstellungen gibt es die Umgebung {array}. Ihre Anwendung erfolgt im Wesentlichen analog zu `{tabular}`, insbesondere unterstützt sie die gleichen Spaltentypen. Die Anordnung erfolgt zeilenweise, \\ beendet sie, & trennt Spalten.

Abweichende horizontale Abstände in Formeln

Gerade in Formeln sind manchmal von den Voreinstellungen abweichende horizontale Abstände (insbesondere auch negative) notwendig. \, erzeugt einen Abstand der Größe `\thinmuskip`, \: von `\medmuskip`, \; von `\medmuskip`. Mit \! wird ein negativer horizontaler Abstand in der Größe `\thinmuskip` eingefügt. Bei Bedarf lassen sich Abstandsbefehle kombinieren und mit `\mskip` auch solche beliebiger Größe einfügen.

Stile

Vier Makros steuern implizit die Darstellung diverser Formelaspekte: `\displaystyle` ist in abgesetzten Formeln voreingestellt, `\textstyle` in Textformeln. Mit `\scriptstyle` erscheinen Exponenten und Indizes, `\scriptscriptstyle` formatiert sie innerhalb von Exponenten und Indizes. Diese Makros lassen sich auch explizit angeben.

Wurzeln

`\sqrt` erzeugt eine Wurzel mit dem als obligatorisches Argument angegebenen Radikanten: $\sqrt{Radikant}$. Optional lässt sich der Wurzelgrad (die Ordnung) angeben: $\sqrt[Grad]{Radikant}$.

Anmerkung: Viele weitere Strukturen und Beispiele enthält [2].

Tabellen

Tabellen (engl.: alignments) sind zweidimensionale Strukturen, die ihren Inhalt (in »Zellen«) sowohl horizontal als auch vertikal ausgerichtet formatieren.

Die Eingabe erfolgt dabei zeilenweise, obwohl TeX auch spaltenweise Eingaben ermöglicht. Allerdings sind die LaTeX-Makros wesentlich einfacher und werden daher bevorzugt. LaTeX realisiert Tabellen als Umgebungen, in deren \begin-Teil (der so genannten »Tabellenpräambel«) die Spalten definiert werden.

\begin{tabular}[*Position*]{*Spaltenformat*}

...

Tabellenzeilen

...

\end{tabular}

Der erste optionale Parameter *Position* legt fest, wie die gesamte Tabelle in der laufenden Zeile ausgerichtet wird. Drei Varianten sind möglich: c (die Voreinstellung) zentriert die Tabelle vertikal, t richtet sie so aus, dass die erste (top) Zeile auf der Grundlinie liegt, b (bottom) macht das mit der letzten.

Meistens sollen Tabellen allerdings als eigene Absätze erscheinen, dann müssen sie von Leerzeilen umgeben sein. Oft wird auch eine Umgebung vom Typ {center} verwendet, die allerdings zusätzliche vertikale Abstände einfügt, was berücksichtigt werden muss. Sollen diese entfallen, kann \centering helfen:

```
...
\centering
\begin{tabular}[Position]{Spaltenformat}
...
Tabellenzeilen
...
\end{tabular}
...
```

Eine andere gute Möglichkeit bietet die Gleitobjektumgebung
{table}, die eine zusätzliche Beschriftung der Tabelle ermöglicht.

Spaltentypen

Der LaTeX-Kernel definiert die wesentlichen Eigenschaften für Tabellen, das Makropaket **array** erweitert diese um wichtige Features.

Als Spalten unterstützen alle Tabellen im Argument *Spaltenformat* die folgenden Typen:

l

Für linksbündige Spalten, deren Breite sich aus dem längsten Eintrag aller Zeilen ergibt.

r

Für rechtsbündige Spalten, deren Breite sich aus dem längsten Eintrag aller Zeilen ergibt.

c

Für zentrierte Spalten, deren Breite sich aus dem längsten Eintrag aller Zeilen ergibt.

p{*Breite*}

(\parbox[t]) Für mehrzeilige Einträge, die in einer Box der angegebenen *Breite* formatiert werden. Die Ausrichtung der Box erfolgt an der obersten Zeile (top).

m{*Breite*}

(Wie \parbox.) Für mehrzeilige Einträge, die Ausrichtung erfolgt vertikal zentriert.

b{*Breite*}

    (`\parbox[b]`) Für mehrzeilige Einträge, die Ausrichtung erfolgt an der letzten Zeile (bottom).

Zusätzlich sind folgende spezielle Möglichkeiten in der Tabellenpräambel vorgesehen:

|

    Dies erzeugt eine vertikale Linie als Spaltenbegrenzung über die gesamte Tabellenhöhe. Einzelne Zellen lassen sich mit `\multicolumn` abweichend formatieren. `||` erzeugt eine Doppellinie, `hhline` erlaubt weitergehende Formatierungen.

@{*Code*}

    Dies fügt den angegebenen *Code* (das kann auch Text sein) zwischen zwei Spalten (anstelle des voreingestellten horizontalen Abstands) ein. Der voreingestellte Abstand entfällt, benachbarte Spalten erscheinen daher wie *eine* (was meistens unerwünscht ist). Diese Möglichkeit wird verwendet, um in `{tabular*}`-Tabellen (siehe unten) beliebige Abstände zu realisieren:

    `...@{\extracolsep{\fil}}`

    `@{}` am Anfang oder Ende einer Tabellenpräambel unterdrückt den voreingestellten horizontalen Abstand am Anfang oder Ende einer Tabelle (was typografisch wenig schön ist).

@{*Anzahl*}{*Code*}

    Diese Form erlaubt, sich *Anzahl*-mal wiederholende Parameter als *Code* zusammenzufassen, etwa: `...@{5}{lr}`.

>{*Code*}

    Das Makropaket array erlaubt in dieser Form, *Code innerhalb der Zelle vor dem eigentlichen Eintrag* auszuführen. Typische Anwendung: `>{\ttfamily}`.

<{*Code*}

    Dies ist das logische Gegenstück zu `>{}`, die Ausführung erfolgt *nach dem Zelleninhalt*. (Wird selten benötigt.)

`!{`*Code*`}`

Diese Form wirkt wie @, erhält aber den voreingestellten Abstand zwischen den Spalten, was meistens sinnvoll ist.

array ermöglicht noch viele weitere Beeinflussungen der Tabellendarstellung. So ist beispielsweise mittels \newcolumntype die Deklaration neuer Spaltentypen möglich, es werden weitere Längenmakros \extrarowheight und \extratabsurround unterstützt und mehr.

Tabellenzeilen

Tabellenzeilen bestehen aus den Einträgen, die nahezu beliebiges Material enthalten können (sogar weitere Tabellen). Spalten werden durch & getrennt, \\ beendet eine Zeile. Dabei lässt sich auch der optionale Abstandsparameter (also \\[*Abstand*]) nutzen.

Das Makro \arraystretch erlaubt, den voreingestellten Abstand zwischen Tabellenzeilen festzulegen. Hierbei handelt es sich nicht um eine Länge, sondern um ein »normales« Makro, das eine Dezimalzahl als Faktor enthält. Änderungen erfolgen daher mittels \def oder \newcommand bzw. \renewcommand.

Spezielle Tabellenzeilen

Meistens enthalten Tabellen kurze Texte, die in den Zellen gemäß den Spalteneinstellungen formatiert erscheinen. Bei sehr langen Texten ist es übersichtlicher, die Texte in Makros zu verpacken und dieses dann in der Tabelle aufzurufen:

\newcommand\aII{*hier steht ein wirklich langer Text, der später in der Tabelle erscheinen soll*}

... & \aII & ...

Auch spaltenübergreifende Einträge sind durch \multicolumn möglich. Das Makro hat drei obligatorische Argumente:

\multicolumn{*Spaltenanzahl*}{*Spaltenformat*}{*Spalteninhalt*}

Spaltenanzahl legt fest, wie viele Spalten (einschließlich der aktuellen) mit *Spaltenformat* den *Spalteninhalt* anzeigen sollen:

... & \multicolumn{3}{l}{*Spalteninhalt*} & ...

Dieser Code fasst drei Spalten (mit der aktuellen) zusammen, und formatiert den *Spalteninhalt* linksbündig.

Linien in Tabellen

Aus typografischer Sicht sind Linien in Tabellen unschön (siehe die Beschreibung zu **booktabs**). Sie sind dennoch möglich.

Horizontale Linien lassen sich in Tabellenzeilen durch diese Makros darstellen:

`\hline` erzeugt eine horizontale Linie über die gesamte Tabellenbreite, muss daher am Anfang einer Zeile aufgerufen werden.

`\firsthline` ist eine spezielle Variante dieses Makros, die im Paket **array** definiert wird und für die erste horizontale Linie in einer Tabelle vorgesehen ist, das es einen besonderen Abstand zum vorhergehenden Text berücksichtigt. Hierbei wird die horizontale Linie durch `\multicolumn` erzeugt.

Für die letzte horizontale Linie definiert **array** `\lasthline` ebenfalls ein Makro, das auf `\multicolumn` zurückgreift.

Mit `\cline` lassen sich horizontale Linien unter einzelnen Spalten (nicht zwangsläufig über alle Spalten) darstellen. Das Makro erwartet ein Argument, das Anfang und Ende der Linie definiert:

`\cline{`*erste Spalte-letzte Spalte*`}`

Vertikale Linien werden entweder in der Tabellenpräambel (durch |) erzeugt oder sie lassen sich in einer Zelle mit `\vline` direkt setzen, sofern diese zu l-, c- oder r-Spalten gehören. `\hfill` erlaubt, die Linie an den Spaltenrand zu setzen.

Manchmal ist es sinnvoll, einzelne Zellen mittels `\multicolumn` mit einer abweichenden Formatierung zu versehen, etwa um sie ohne Linie darzustellen.

Das Makropaket **hhline** erlaubt, viele zusätzliche Formatierungen für die Liniendarstellung in Tabellen einzustellen. Normalerweise sind diese aber weder sinnvoll noch notwendig.

Tabellentypen

Neben der oben erwähnten Umgebung {tabular}, die Tabellen mit automatisch berechneter Breite (anhand der Spalten und Spaltenabstände) definiert, stellt der Kernel noch {tabular*} zur Verfügung. Diese Umgebung erzeugt Tabellen vorgegebener Breite, sofern zwischen den Spalten mit \extracolsep (siehe Seite 75) ausreichend variabler Raum zur Verfügung steht. Natürlich muss dafür die Syntax erweitert werden:

\begin{tabular*}[*Position*]{*Breite*}{*Spaltenformat*}

...

Tabellenzeilen

...

\end{tabular*}

Tabellen mit variabler Spaltenbreite

Eine Alternative zur Veränderung der Spaltenbreiten besteht darin, die Breite der Zellen zu variieren, um eine vorgegebene Tabellenbreite zu erhalten. Zwei Makropakete realisieren dies: **tabularx** und **tabulary**. Sie definieren gleichnamige Umgebungen, die analog zu {tabular*} eingesetzt werden und den neuen Spaltentyp X unterstützen. Dies entspricht einer p-Spalte, deren Breite LaTeX automatisch anpasst, um die vorgegebene Breite der Tabelle zu erreichen. Mehrere X-Spalten sind innerhalb einer Tabelle möglich, voreingestellt erhalten sie alle die gleiche Breite.

\begin{tabularx}[*Position*]{*Breite*}{*Spaltenformat*}

...

Tabellenzeilen

...

\end{tabularx}

In vielen Fällen sind die X-Spalten in {tabularx}-Tabellen eine gute Wahl, um längere Texte darzustellen.

Eine Variante dieser Umgebung wird im Makropaket **ltxtab** implementiert.

Seitenübergreifende Tabellen

Normalerweise setzt LaTeX Tabellen in Boxen (siehe Kapitel auf Seite 83), was Zeilenumbrüche verhindert. Es gibt allerdings mehrere Makropakete, die diese Einschränkung aufheben und so seitenübergreifende Tabellen ermöglichen. Die wichtigsten sind longtable, supertab, stabular und xtab. Achtung: Diese Umgebungen verwenden eine abweichende Syntax bei der Definition und erlauben gleichzeitig die bei Gleitobjekten üblichen Beschriftungen (und Verzeichniseinträge).

Bei {longtable} begrenzen Makros die Elemente der Überschriften (für die erste und die Folgeseiten) sowie der Fußzeilen, siehe unten. Mittels \newpage lassen sich Seitenumbrüche einfügen. Das Makro \kill erlaubt die Aufnahme von (Muster-)Zeilen, die zwar bei der Formatierung berücksichtigt, aber nicht dargestellt werden.

```
\begin{longtable}{l|p{66mm} | p{40mm}}
\caption[Verzeichniseintrag]{Beschriftung}
\firsthline
erste Zeile, erste Seite
\endfirsthead
erste Zeile, Folgeseiten
\endhead
letzte Zeile
\endfoot
letzte Zeile, letzte Seite
\endlastfoot
Tabellenzeilen ...
\end{longtable}
```

Die Umgebung {ltxtab} (aus dem gleichnamigen Makropaket) kombiniert {tabularx} mit {longtable}.

Tabellenparameter und Erweiterungen

Mehrere Variablen steuern verschiedene Aspekte bei der Tabellenformatierung. Die wichtigsten sind:

\arraycolsep
> Längenvariable, die den *halben* Abstand zwischen zwei Spalten in einer {array}-Umgebung definiert. Dieser Abstand wird auch vor der ersten und nach der letzten Spalte eingefügt, sofern dies nicht @{} explizit unterbindet.

\arrayrulewidth
> Die Linienstärke in Tabellen, eine Längenvariable.

\arraystretch
> Das Makro, das den Faktor (Voreinstellung: 1) für vertikale Dehnung von Tabellenzeilen definiert.

\doublerulesep
> Eine Längenvariable, die den Abstand zwischen Doppellinien (horizontal wie vertikal) definiert.

\tabcolsep
> Längenvariable, die den *halben* Abstand zwischen zwei Spalten in einer {tabular}-Umgebung (und deren Varianten) definiert. Dieser Abstand wird auch vor der ersten und nach der letzten Spalte eingefügt, sofern dies nicht @{} explizit unterbindet.

Farben in Tabellen

Das Makropaket colortbl bietet Möglichkeiten, Farben in Tabellen einzusetzen. Zwei Makros steuern das Kolorieren von Spalten und Zeilen: \columncolor wird in der Tabellenpräambel oder im Argument von \multicolumn verwendet, um spaltenweise Hintergrundfarben in einer Tabelle einzusetzen. Seine Syntax lautet:

\columncolor[*Farbmodell*]{*Farbe*}[*links*][*rechts*]

Die Argumente *Farbmodell* und *Farbe* entsprechen den Angaben bei color, die optionalen Argumente *links* und *rechts* (Voreinstellung: 0mm) sind Längenangaben, die einen Rand des farbigen Hintergrundes definieren. Mit \rowcolor lassen sich farbige Zeilen erzeugen. Seine Syntax sieht so aus:

\rowcolor[*Farbmodell*]{*Farbe*}[*links*][*rechts*]

Dieser Befehl darf nur am Anfang einer Tabellenzeile stehen und bezieht sich dann auf die gesamte Zeile.

Auch farbige Linien sind möglich. In der Tabellenpräambel erzeugt
!{\color{*Farbe*}\vline} eine farbige vertikale Linie.

\arrayrulecolor definiert die Farbe von Linien global, den Linien-
zwischenraum färbt \doublerulesepcolor ein.

Makropakete für Tabellen

Viele Makropakete erweitern die Features von Tabellen:

dcolumn
Ermöglicht die Ausrichtung von Dezimalzahlen in Tabellen.

multirow
Erlaubt das Zusammenfassen von Zeilen in Tabellenspalten.

ltxtab und **ltablex**
Für Varianten von {tabularx}-Tabellen.

blkarray
Erweiterte Tabellen und Arrays.

easytable
Erzeugt einfache Tabellen.

hvdashln
Ermöglicht gestrichelte Linien in Tabellen.

listliketab
Wandelt Listen in Tabellen um.

makecell und **mdwtab**
Enthalten diverse Erweiterungen für Tabellen.

tabularkv
Erzeugt Tabellen, die sich über Schlüsselwörter einstellen lassen.

tabularht
Steuert Abstände in Tabellen.

booktabs
Erzeugt typografisch »schöne« Tabellen, siehe Seite 77.

Tabulatortabellen

Die Umgebung {tabbing} erlaubt beliebig lange, mit Tabulatoren formatierte »Tabellen«. Tabulatoren lassen sich durch \= setzen (maximal 12), durch \> bzw. \< wird ein Eintrag am nächsten bzw. vorigen Tabulator gesetzt, mit \' rechtsbündig. Durch \kill ist es möglich, eine »Musterzeile« (aus den längsten Einträgen aller Spalten) zu konstruieren, in der die Tabulatoren gesetzt werden, die selbst aber nicht erscheint. Wie üblich erfolgen Zeilenumbrüche durch \\.

\poptabs speichert aktuelle Tabulatoren, es lassen sich neue definieren und die alten später durch \pushtabs restaurieren.

In der {tabbing}-Umgebung stehen die Akzente \' (durch \a'), \= (durch \a=), \` (durch \a`) zur Verfügung.

Diese Tabellen werden beispielsweise gern für die eingerückte Darstellung von Quelltexten verwendet.

Boxen

Boxen stellen eines der wichtigsten Konzepte von TeX (und LaTeX) dar. Sie spielen auf vielen Ebenen eine Rolle: Als Buchstaben, in Zeilen und Absätzen, bei Gleitobjekten, Grafiken usw. Auch die Ausgabeseiten bestehen aus ihnen. TeX (und LaTeX) bietet viele Möglichkeiten, Boxen zu beeinflussen bzw. mit ihnen zu arbeiten.

Grundsätzlich gibt es mehrere Arten von Boxen: horizontale (basierend auf \hbox) für einzeiliges Material ohne Umbrüche und vertikale (basierend auf \vbox). Sie haben eine vorgegebene Breite, auf die sich das Satzmaterial – bei Bedarf mit (Zeilen-)Umbrüchen – verteilt. Eine dritte Art von Boxen dient der Speicherung von Material, das später ein- oder mehrmalig ausgegeben wird.

Horizontale Boxen

Material, das *nicht umbrochen* werden soll, erscheint in horizontalen Boxen. Das kann in manchen Situationen notwendig sein, führt aber im normalen Fließtext eventuell zu Randüberschreitungen und sollte daher mit Vorsicht angewandt werden. In Grafiken oder Formeln ist es aber manchmal sinnvoll oder unerlässlich, diese Makros einzusetzen:

\hbox{*Satzmaterial*}

Setzt das Satzmaterial ohne Zeilenumbruch, egal wie lang es ist. Dies ist der TeX-Befehl.

`\mbox{`*Satzmaterial*`}`

Setzt das Satzmaterial ohne Zeilenumbruch, egal wie lang es ist. Dies ist der einfache LaTeX-Befehl.

`\makebox[`*Breite*`][`*Position*`]{`*Satzmaterial*`}`

Setzt das Satzmaterial ohne Zeilenumbruch, egal wie lang es ist. Dies ist der erweiterte LaTeX-Befehl. Mit ihm lassen sich besondere Effekte erzielen, sofern eine von der natürlichen *Breite* (die Voreinstellung) abweichende Angabe gemacht wird und das Satzmaterial Leerraum enthält. TeX berücksichtigt beim Satz immer nur die angegebene *Breite*, unabhängig davon, wie viel Platz das Satzmaterial benötigt. Damit lassen sich Leerräume oder Überschreibungen realisieren. In diesem Parameter lässt sich die natürliche Breite durch `\width` referenzieren, die Höhe über der Grundlinie durch `\height`, die unterhalb mit `\depth` und die Gesamthöhe durch `\totalheight`.

Dabei steuert der zweite Parameter *Position*, *wie* das Satzmaterial innerhalb der Box angeordnet wird: l für linksbündig, r rechtsbündig, c zentriert und s (stretched): verteilt das Satzmaterial gleichmäßig in der Box.

`\fbox{`*Satzmaterial*`}`

Setzt das Satzmaterial ohne Zeilenumbruch in einer umrahmten Box. Vereinfachter LaTeX-Befehl.

`\framebox[`*Breite*`][`*Position*`]{`*Satzmaterial*`}`

Die erweiterte Variante von `\fbox`, sie unterstützt die gleichen Parameter wie `\makebox`.

Zusätzlich gibt es mit `\shortstack` eine Möglichkeit, mehrere Zeilen untereinander darzustellen. `\\` fügt Zeilenumbrüche ein:

`\shortstack[`*Ausrichtung*`]{`*Inhalt\\ in mehreren Zeilen*`}`

Intern ist dieses Makro als Tabelle realisiert, deren (eine) Spalte mit der gewünschten *Ausrichtung* (voreingestellt: zentriert) gesetzt wird. Dieses Verfahren lässt sich natürlich auch noch wesentlich verallgemeinern, indem tatsächlich eine `{tabular}`-Umgebung verwendet wird und die Spalten bei Bedarf durch `\multicolumn` eine abweichende Ausrichtung erhalten.

Zwei (Längen-)Variablen steuern die Rahmen darstellung bei \fbox und \framebox:

\fboxsep
> Diese Variable definiert den Abstand zwischen der Box und dem Rahmen.

\fboxrule
> Diese Variable definiert die Linienstärke des Rahmens.

Zwei weitere Makros gibt es noch, die manchmal nützlich sind:

Mit \raisebox{*Versatz*}[*Höhe*][*Tiefe*]{*Text*} lässt sich Text oder anderes Satzmaterial (wie in einer \mbox) vertikal versetzen.

Horizontale oder auch vertikale Linien erzeugt das Linienmakro \rule[*Versatz*]{*Breite*}{*Höhe*}. Dieses Makro setzt einfarbig ausgefüllte Rechtecke, denen bei Bedarf durch \color eine Farbe zugewiesen werden kann. Linien sind sehr schmale Rechtecke.

Voreingestellt erscheinen die Linien auf der Grundlinie, mit *Versatz* ist eine vertikale Verschiebung möglich. Die beide Angaben *Breite* und *Höhe* müssen in gültigen TeX-Maßen erfolgen. Bei 0mm entfällt die entsprechende Ausdehnung und es entsteht eine »unsichtbare Linie«, eine so genannte Stütze.

Durch \rotatebox lassen sich \rules in beliebigen Winkeln setzen.

Vertikale Boxen

Während horizontale Boxen Umbrüche verhindern, lassen vertikale Boxen einen Zeilenumbruch zu. Dieser erfolgt automatisch beim Erreichen der für die Box vorgegebenen *Breite*. Die *Höhe* der Box hängt von ihrem Inhalt ab, kann aber bei einigen Varianten auch vorgegeben werden.

\vbox{*Satzmaterial*}
> Die (vereinfachte) TeX-Version vertikaler Boxen.

\parbox[*Außen*][*Höhe*][*Innen*]{*Breite*}{*Satzmaterial*}
> Dieses Makro ist die einfache (!) Variante vertikaler LaTeX-Boxen.

Obligatorisch sind die Parameter *Breite* (eine beliebige TeX-Längenangabe) und *Satzmaterial*. Absätze sind hier zulässig, aber keine Umgebungen.

Zusätzlich gibt es drei optionale Parameter: *Außen* bestimmt, wie die fertige Box in den Fließtext eingebaut wird. t steht für top (oberste Zeile als Referenzpunkt), b für bottom (unterste Zeile), voreingestellt ist c (zentrierte Ausrichtung).

Mit *Höhe* lässt sich die Boxenhöhe voreinstellen. Sofern diese größer als die natürliche ist, lässt sich die Ausrichtung des *Satzmaterial*s innerhalb der Box durch *Innen* steuern.

`{minipage}`[*Außen*][*Höhe*][*Innen*]{*Breite*}

Die Umgebung `{minipage}` stellt eine erweiterte Variante des `\parbox`-Makros dar. Sie verfügt über die gleichen Parameter (mit identischen Funktionen), lässt aber neben Absätzen auch andere Umgebungen (aber keine Gleitobjekte) zu.

Eine Besonderheit von `{minipage}` ist die Tatsache, dass in diesen Umgebungen Fußnoten mit einem eigenen Zähler (mpfootnote) verwaltet werden. Das hat zur Folge, dass Fußnoten in `{minipage}`s unabhängig vom Fließtext nummeriert und voreingestellt mit Kleinbuchstaben markiert werden. Nützlich ist das z. B., wenn Tabellen mit Fußnoten innerhalb einer `{minipage}` formatiert werden.

Mit dem Makropaket boxedminipage lassen sich (ein-)gerahmte `{minipage}`s erzeugen.

Speicherboxen

Speicherboxen sind horizontale (oder auch vertikale) Boxen, die ihren (formatierten) Inhalt speichern und mehrfach (ohne erneute Formatierung) in die Ausgabe einfügen können.

Derartige Boxen müssen zunächst (normalerweise in der Dokumentenpräambel) bereitgestellt werden. Dann wird ihnen *Satzmaterial* zugewiesen, das in formatierter Form gespeichert wird. Anschließend lässt es sich beliebig oft einfügen.

`\newsavebox{`*`\boxname`*`}`

    Dieses Makro definiert eine neue leere Speicherbox.

`\sbox{`*`\boxname`*`}{`*Satzmaterial*`}`

    Weist der (horizontalen) Speicherbox \boxname das *Satzmaterial* zu. Um hier eine vertikale Box zu verwenden, muss das *Satzmaterial* in einer `\parbox` stehen.

`\savebox{`*`\boxname`*`}[`*Breite*`][`*Ausrichtung*`]{`*Satzmaterial*`}`

    Diese erweiterte Variante von `\sbox` erzeugt eine (horizontale) Box der vorgegebenen *Breite*, unter Berücksichtigung der *Ausrichtung*.

`\usebox{`*`\boxname`*`}`

    Fügt die angegebene Box \boxname ein. Dies kann in nahezu allen Situationen erfolgen, einschließlich Gleitobjekten, Formeln, Grafiken usw.

`{lrbox}{`*`\boxname`*`}`

    Diese Umgebungsvariante von `\sbox` erlaubt auch die Verwendung von Umgebungen im *Satzmaterial*.

Makropakete für Boxen

Viele Makropakete erweitern die Makros für den Einsatz von Boxen.

Immer wenn es um (gerahmte) Boxen geht, ist es sinnvoll, einen Blick in die Dokumentation des Makropakets **fancybox** zu werfen. Dort sind sehr viele verschiedene Umrahmungen für Boxen definiert, bis hin zu ganzen Dokumentenseiten (das sind auch Boxen).

Mit **genmpage** ist eine Vorkonfiguration von `{minipage}`s möglich. Die Umgebungen erhalten ein zusätzliches optionales Argument, in dem sich der Typ voreinstellen lässt. Dabei sind auch umfangreiche Formatierungen einfach möglich. Typische Varianten sind Umgebungen, in denen die Ausrichtung vom Blocksatz abweicht, in denen besondere Fonts eingesetzt oder Absatzparameter verändert werden.

Das Makropaket **boites** definiert spezielle Boxen, die einen Seitenumbruch zulassen. Damit sind Rahmen und Texthinterlegungen über Seitengrenzen hinweg möglich. Mit **framed** ist Ähnliches möglich. Das

Makropaket definiert zwei Umgebungen: {framed} für umrahmte Inhalte und {shaded}, hier wird der Inhalt mit einem farbigen Hintergrund versehen.

Das Makropaket shadow definiert mit \shabox ein Makro, mit dem sich im Argument übergebenes Satzmaterial auf einfache Weise in einer schattierten Box darstellen lässt.

Grafiken

TeX und LaTeX bieten zwei Möglichkeiten, Grafiken in Dokumenten darzustellen:

- fertige (mit anderen Programmen erstellte) Grafikdateien lassen sich in bestimmten Formaten in Dokumente einbetten. Die Makropakete **graphicx** oder **graphics** definieren dafür standardisierte Schnittstellen. Dies ist hauptsächlich für Bitmap-Grafiken sinnvoll.

- Mit speziellen Befehlen lassen sich einfache (Vektor-)Grafiken erstellen. Der Aufwand ist nicht gering, die Ergebnisse sind allerdings auch recht gut.

Beide Verfahren lassen sich bei Bedarf kombinieren, so dass etwa Pfeile oder Texte Fotos ergänzen können. Grafiken lassen sich auf unterschiedliche Weise in Dokumenten integrieren. Sie können als »normale« Bestandteile im Fließtext auftreten, als abgesetzte Grafiken (etwa als eigene Absätze, oft in {center}-Umgebungen), als Hintergrundbilder oder, meistens der beste Weg, als Gleitobjekte.

Grafiken erstellen

LaTeX verfügt mit {picture} über eine spezielle Umgebung, in der sich Grafiken erstellen lassen. Sie erzeugt eine Box vorgegebener Größe, innerhalb derer sich mit speziellen Befehlen Grafikobjekte oder Texte platzieren lassen.

Die Boxengröße und das darin gültige Koordinatensystem definiert die Länge \unitlength. Ihr wird (normalerweise in der Dokumentenpräambel) eine TEX-Längenangabe zugewiesen, etwa:

\setlength\unitlength{1mm}

Damit sind die nun ohne Längeneinheiten angegebenen Koordinaten Vielfache dieser Einheitslänge. Die Grafikumgebung entsteht so:

\begin{picture}(*Breite*,*Höhe*)(X_0,Y_0)
...
\end{picture}

Der Koordinatenursprung dieser Umgebung befindet sich in der linken unteren Ecke, voreingestellt als (0,0). Die optionalen Angaben (X_0,Y_0) verschieben ihn bei Bedarf.

Koordinaten werden in dieser Umgebung immer als (X,Y)-Paare angegeben.

Positionierungen in {picture}

Grafikobjekte müssen innerhalb der {picture}-Umgebung positioniert werden, da sonst immer ihr Referenzpunkt (normalerweise die linke untere Ecke) mit dem Koordinatenursprung zusammenfällt.

Es gibt eine Reihe von Makros, die einzelne oder mehrere Grafikobjekte positionieren:

\put(X,Y){*Grafikobjekt*}
  Setzt das *Grafikobjekt* mit dem Referenzpunkt an die angegebene Position.

\multiput(X,Y)(X-,Y-*Verschieb.*){*Anzahl*}{*Grafikobjekt*}
  Setzt das *Grafikobjekt* beginnend bei (X,Y) *Anzahl*-mal an die durch Addition von (X-*Verschiebung*,Y-*Verschiebung*) berechneten Positionen.

Makropakete wie **epic** und **eepic** definieren weitere Befehle, mit denen sich mehrere *Grafikobjekte* setzen lassen, etwa \multiputlist.

Grafikobjekte

Mit den oben beschriebenen Positionierungsbefehlen lassen sich Texte und Grafikobjekte positionieren. Die Grafikobjekte erstellt

LaTeX oft aus speziellen Fonts, was ihre Skalierbarkeit einschränkt. Nach dem Laden des Makropakets **pict2e** stehen LaTeX die erweiterten Features zur Verfügung.

\usepackage[*Optionen*]{pict2e}

Als Optionen unterstützt **pict2e** neben einem Ausgabetreiber (analog zu **graphicx**/s und **color**) noch die Auswahl von Pfeilsymbolen: ltxarrow ist die Voreinstellung und erzeugt Pfeilspitzen nach dem LaTeX-Standard. pstarrow verwendet dagegen die von PSTricks genutzte Form.

Drei weitere Optionen steuern die Ausgabe von Grafiken global: original deaktiviert neue Features, debug ergänzt Debug-Code, hide unterdrückt alle Ausgaben von **pict2e**.

Als Grafikobjekte stehen folgende zur Verfügung:

\circle{*Radius*} und \circle*{*Radius*}
Für Kreise und ausgefüllte Kreise (Scheiben). Der Mittelpunkt ist Referenzpunkt.

\line(*X,Y*){*Länge*}
Für Linien in voreingestellter Stärke. *X* und *Y* sind die Steigungen in X- bzw. Y-Richtung, *Länge* ist die Länge der Projektion in X-Richtung. Referenzpunkt ist der Anfangspunkt von Linien.

\vector(*X,Y*){*Länge*}
Für Linien mit Pfeilen (Vektoren) in vorgegebener Stärke. Referenzpunkt ist der Anfangspunkt.

\dashbox[*Strich*](*Breite,Höhe*)[*Ausrichtung*]{*Inhalt*}
Für Boxen mit einer gestrichelten Umrandung (Strichlänge *Strich*). Referenzpunkt ist die linke untere Ecke der Box. *Ausrichtung* definiert die Positionierung des *Inhalts* innerhalb der Box, die Voreinstellung ist zentriert.

\framebox(*Breite,Höhe*)[*Ausrichtung*]{*Inhalt*}
Für umrahmte Boxen vorgegebener Größe. Referenzpunkt ist die linke untere Ecke. *Ausrichtung* definiert die Positionierung des *Inhalts* innerhalb der Box, Voreinstellung ist zentriert.

\makebox(*Breite*,*Höhe*)[*Ausrichtung*]{*Inhalt*}

> Für ungerahmte Boxen vorgegebener Größe. Referenzpunkt ist die linke untere Ecke. *Ausrichtung* definiert die Positionierung des *Inhalts* innerhalb der Box, Voreinstellung ist zentriert.

\oval[*Radius*](*X*,*Y*)[*Teil*]

> Für Ovale oder Teile davon. Der optionale Parameter steht nur zur Verfügung, wenn pict2e geladen wurde. Dann lässt sich mit \maxovalrad der Radius in den Ecken voreinstellen.

> *Teil* gibt an, welche Teile des Ovals LATEX darstellt. t steht für top, b für bottom, l für left und r für right.

\bezier{*Anzahl*}(*X*₁,*Y*₁)(*X*₂,*Y*₂)(*X*₃,*Y*₃) (veraltet)
\cbezier[*Anzahl*](X_1,Y_1)(X_2,Y_2)(X_3,Y_3)(X_4,Y_4)
\qbezier[*Anzahl*](X_1,Y_1)(X_2,Y_2)(X_3,Y_3)

> Diese drei Makros erzeugen spezielle Bèzierkurven, deren Form durch drei bzw. vier »Kontrollpunkte« gesteuert werden. [*Anzahl*] definiert die maximale Anzahl verwendeter Punkte, kleine Werte führen daher zu nicht durchgezogenen (punktierten) Linien. Voreingestellt erzeugt LATEX eine durchgezogene Linie.

> \cbezier erzeugt kubische Bèzierkurven, im Unterschied zu den sonst verwendeten quadratischen und benötigt daher einen zusätzlichen Kontrollpunkt.

> qbeziermax definiert die maximale Anzahl von Punkten für die Kurven.

Zusätzlich lassen sich Texte mit \mbox, \makebox, \fbox, aber auch \shortstack oder \parbox als Grafikobjekte integrieren. \frame kann diese Objekte mit einem Rahmen versehen, dessen Stärke sich durch \thinlines bzw. \thicklines oder allgemein mit der Längenvariablen \linethickness steuern lässt.

Natürlich stehen auch mittels \sbox bzw. \savebox oder {lrbox} definierte Boxen zur Verfügung, die \usebox einfügt.

Bitmap-Grafiken lassen sich auch innerhalb von {picture}-Umgebungen mittels \includegraphics einbetten. Hierbei ist die Reihenfolge bei der Bearbeitung zu beachten, da LATEX Makros in {picture}-Umgebungen der Reihe (im Quelltext) nach setzt. Im Hintergrund erscheinende Objekte werden zuerst gesetzt.

Spezielle Makropakete für Grafiken

Viele Makropakete definieren ein oder mehrere spezielle Grafikobjekte bzw. heben die Beschränkungen des LaTeX-Kernels auf. Wichtige Pakete sind:

graphpap
> Definiert mit `\graphpaper` ein Gitternetz, das als sichtbares Koordinatensystem einsetzbar ist:
>
> `\graphpaper`[*Linienabstand*]`(`*x*,*y*`)(`*Breite*,*Höhe*`)`
>
> **epic** verfügt mit `\grid` über eine leistungsfähigere Variante dieses Befehls.

pmgraph
> Enthält nützliche, treiberunabhängige Erweiterungen. Eine Umgebung mit dem Namen `{Picture}` lässt sich durch ein optionales Argument so einstellen, dass sie einen vorgegebenen Teil der Textbreite einnimmt.

curves
> Zur Darstellung von aus Punkten zusammengesetzten Kurven mit teilweise erstaunlichen Features.

pict2e
> Hebt viele Einschränkungen des LaTeX-Kernels auf. Verwendet treiberabhängigen Code.

Andere Makropakete definieren zusätzliche Makros, die beispielsweise erweiterte Positionierungen erlauben:

epic
> Erweitert die Standardmakros und ergänzt viele einfacher anzuwendende Makros für Grafikobjekte und Positionierungen. Neue Makros wie `\line` erlauben Linien anhand von Punkten zu oder aus Datensätzen (mit `\putfile` und den `{d...join}`-Umgebungen) zu zeichnen, Kurven lassen sich darstellen und vieles mehr.
>
> `\multiputlist` und `\matrixput` erlauben das Setzen verschiedener Objekte, auch zweidimensional.

eepic

eepic erweitert **epic** um leistungsfähigere Implementierungen, die intern treiberabhängigen Code verwenden. Neben den neuen Grafikobjekten \ellipse und \path gibt es auch Makros, um geschlossene Pfade mit einer Textur zu füllen.

pstricks

Dieses extrem leistungsfähige Makropaket verwendet PostScript-Code zur Darstellung von Grafiken. Leider ist dieses Verfahren nicht kompatibel mit pdftex, so dass es hier nur am Rande erwähnt wird. Es gibt durch **pdftricks** zwar eine Möglichkeit, viele Features zu nutzen, doch ist das Verfahren als »experimentell« zu bezeichnen.

pgf

Eine Neuentwicklung, die versucht viele Features der **pstricks** auch mit pdftex verfügbar zu machen.

Viele weitere Makropakete gibt es, die leistungsfähige Alternativen oder Ergänzungen anbieten, siehe dazu z. B. [2].

Externe Grafiken einbetten

PDFTₑX bietet abhängig vom Ausgabeformat (DVI bzw. PDF) unterschiedliche Möglichkeiten, Grafikdateien einzubetten. Im DVI-Modus lassen sich PostScript- und Encapsulated PostScript-Format sowie als spezielle MetaPost-Files nutzen.

Der PDF-Modus erlaubt das Einbinden von JPG-, PNG- und PDF-formatierte Grafikdateien, sowie spezielle MetaPost-Files. purifyeps kann diese erzeugen. Beim Laden des Makropakets werden benötigte Paketoptionen, insbesondere Ausgabeformate bzw. -Treiber (z. B.xdvi, pdftex) festgelegt:

\usepackage[*Treiber, ...*]{graphicx}

Achtung: Grundsätzlich lassen sich mehrere Treiber gleichzeitig (mit Kommata verbunden) laden. Allerdings funktionieren einige Kombinationen (wie die oben) nicht korrekt, weil sich unterschiedliche Varianten des treiberabhängigen Codes stören können. Die Kombination [dvips,pdftex] funktioniert problemlos.

Auf der LaTeX-Ebene bietet das Makropaket **graphicx** (oder sein kleiner Bruder **graphics**) alles, was dafür erforderlich ist. Diese Pakete ersetzen die vielen früher dafür verwendeten Makros durch eine einheitliche Schnittstelle. Das Einbinden erfolgt immer so:

\includegraphics[*Optionen*]{*Grafikdatei*}

Falls die *Grafikdatei ohne Extension* (also nur der Basename) angegeben wurde, sucht \includegraphics anhand von Regeln, die sich mit \DeclareGraphicsRule einstellen lassen, nach passenden Files.

Die *Optionen* unterscheiden sich abhängig davon, ob **graphics** oder **graphicx** verwendet wird. Letzteres Paket ist deutlich leistungsfähiger. Optionen von **graphicx** lassen sich durch Schlüsselwort=Wert-Paare einstellen; Kommata verbinden mehrere Optionen. Wichtige sind:

bb=*Koordinaten*
: (BoundingBox) Vier durch Leerzeichen getrennte Dezimalzahlen legen die Positionen der linken unteren und rechten oberen Ecke der Grafikdatei fest.

natwidth, natheight
: Steht für die »natürliche« Breite bzw. Höhe der Grafik. Als linke untere Ecke wird 0 0 verwendet.

hiresbb
: (HiresBoundingBox) **graphicx** verwendet zur Bestimmung der Größe den Kommentar HiresBoundingBox.

trim=*Koordinaten*
: Erlaubt zusammen mit clip, die Kanten einer Grafikdatei »abzuschneiden«. Die *Koordinaten* interpretiert **graphicx** als linken unteren und rechten oberen Rand.

clip
: Entfernt nicht gewünschte Bereiche (zusammen mit trim).

rotate=*Winkel*
: Dreht eine Grafikdatei beim Einbinden. Voreingestellt wird *Winkel* als Gradangabe (gegen den Uhrzeigersinn) interpretiert.

origin=*Referenzpunkt*
> Legt den Referenzpunkt für Drehungen fest. Voreingestellt ist dies das Zentrum (Schwerpunkt). Alle Angaben von \rotatebox sind möglich.

width=*Breite*, height=*Höhe*
> Definiert die *Breite* bzw. *Höhe* der ausgegebenen Grafik. Achtung: Die Optionen werden der Reihe nach ausgewertet, daher ist die Reihenfolge zu beachten! totalheight wirkt wie height, berücksichtigt aber auch Bereiche unterhalb der Grundlinie.

keepaspektration
> Verhindert Verzerrungen, die sonst durch willkürliche Höhen- und Breitenangaben möglich wären.

scale=*Faktor*
> Skaliert eine Grafik unter Beibehalten der Seitenverhältnisse um den angegebenen *Faktor*.

command=*Befehl*
> Erlaubt, einen *Befehl* anzugeben, mit dem der Treiber die Grafikdatei anzeigen kann (weil sie beispielsweise komprimiert vorliegt).

draft
> Bewirkt, dass Grafikdateien nicht eingebunden werden, sondern als Kästen mit dem entsprechenden Dateinamen erscheinen. Das ist bei Fehlern hilfreich.

Die Sternform von \includegraphics (\includegraphics*) verwendet implizit clip und beschränkt daher die Ausgabe auf den angegebenen Bereich.

Weitere Makros in graphicx

Neben \includegraphics definiert graphicx eine Reihe weiterer Makros, die für PostScript- und PDF-Ausgaben nützlich sind:

`\rotatebox[`*Optionen*`]{`*Winkel*`}{`*Box*`}`

Rotiert die *Box* um den angegebenen *Winkel* (gegen den Uhrzeigersinn):

90 Grad: 90 Grad `\rotatebox{90}{90\,Grad}`

-90 Grad: -90 Grad `\rotatebox{-90}{-90\,Grad}`

Box kann beliebiges Satzmaterial enthalten, also auch Text. (Der für eine korrekte Darstellung allerdings durch einen TrueType- oder PostScript-Font dargestellt werden muss.) Voreingestellt verwendet `\rotatebox` den »normalen« Referenzpunkt auf der Grundlinie, weitere Möglichkeiten zeigt Abbildung 3.

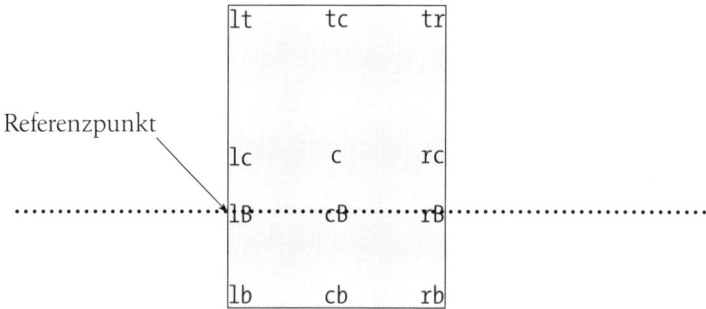

Referenzpunkt

lt	tc	tr
lc	c	rc
lB	cB	rB
lb	cb	rb

Abbildung 3: Referenzpunkte beim Rotieren von Boxen mit `\rotatebox`

Als Optionen wertet `\rotatebox` neben den Rotationspunkten auch das Schlüsselwort `units` aus: Ihm wird als Wert eine Dezimalzahl (voreingestellt 360) übergeben, die einem vollständigen Kreisumlauf entspricht. *Winkel* bezieht sich dann auf diesen Wert.

`\resizebox{`*Breite*`}{`*Höhe*`}{`*Inhalt*`}`
> Dies setzt *Inhalt* in einer Box der angegebenen *Breite* und *Höhe*. Dabei sind Verzerrungen möglich. Die ersten beiden Argumente können folgende Makros verarbeiten: `\height` (natürliche Höhe über der Grundlinie), `\depth` (Tiefe unterhalb der Grundlinie), `\totalheight` (Summe beider Werte), `\width` (natürliche Breite), immer bezogen auf das Argument *Inhalt*. Enthält eines der ersten beiden Argumente »!«, interpretiert LaTeX dies als Aufforderung, den *Inhalt* so zu formatieren, dass keine Verzerrungen auftreten.

`\scalebox{`*horizontal*`}[`*vertikal*`]{`*Inhalt*`}`
> Skaliert *Inhalt* unter Berücksichtigung der angegebenen *horizontalen* und *vertikalen* Faktoren.

`\reflectbox{`*Box*`}`
> Spiegelt die *Box*, wie es `\scalebox{-1}[1]{...}` macht.

Farben

Zu graphicx gehört auch das Makropaket color, mit dem sich durch treiberabhängigen Code Farben darstellen lassen. Vier Farbmodelle unterstützt es:

- rgb: Farben werden durch drei Dezimalzahlen (im Bereich [0..1]) für die Grundfarben Rot, Grün, Blau angegeben. Achtung: Nicht alle Farben (etwa Gold) lassen sich so darstellen.

- cmyk: Das entspricht dem Farbmodell vieler Farbdrucker. Es setzt Farben aus den Grundfarben Cyan, Magenta, Gelb und Schwarz zusammen. Vier Dezimalzahlen definieren Farben.

- gray: Das Farbmodell für Schwarz-Weiß-Ausgaben. Eine Dezimalzahl im Bereich [0..1] definiert die Helligkeit.

- named-Farbmodell: Hier werden Farben durch (treiberabhängige) Namen definiert. dvips kennt voreingestellt 68 Farbnamen, X11 (X Window System) 700. Dies ist nur einsetzbar, wenn beim Laden des Makropakets der richtige Treiber angegeben wurde.

Das Makro \definiecolor{*Farbname*}{*Farbmodell*}{*Werte*} definiert (in der Dokumentenpräambel) Farbnamen, die anschließend zur Verfügung stehen. Folgende Makros erlauben den Einsatz von Farben:

\color[*Farbmodell*]{*Farbe*}

Diese Deklaration schaltet die aktuelle Farbe entsprechend dem *Farbmodell* und den *Werten* um. Alle Ausgaben erscheinen entsprechend, so dass dies nur innerhalb einer Gruppe sinnvoll ist.

\textcolor[*Farbmodell*]{*Farbe*}{*Satzmaterial*}

Dies entspricht \color, wirkt aber nur auf das im letzten Argument angegebene Satzmaterial.

\colorbox[*Farbmodell*]{*Farbe*}{*Inhalt*}

Dies setzt den *Inhalt* in einer Box mit der angegebenen Hintergrund*farbe*.

\fcolorbox{*Rahmen*}{*Farbe*}{*Inhalt*}

Wie \colorbox, erlaubt aber Rahmen in abweichender Farbe

\pagecolor[*Farbmodell*]{*Farbe*}

Dieses Makro setzt die Hintergrundfarbe ab der aktuellen Seite. Voreingestellt ist white.

\normalcolor

Hebt vorher eingestellte Farben wieder auf.

Anmerkung: Nochmal sei erwähnt, dass color treiberabhängigen Code verwendet. Daher muss beim Einbinden des Pakets unbedingt der richtige Treiber angegeben werden. Die Treiber dvips und pdftex unterstützen alle Features.

Einige Makropakete bieten weitere Features für den Einsatz von Farben an: xcolor unterstützt treiberunabhängige Farben, aurora und poligraf unterstützen Farbseparationen.

Gleitobjekte

Gleitobjekte sind Boxen, die TeX nicht unbedingt dort setzt, wo ihr Code im Quelltext auftritt. Falls die aktuelle Ausgabeseite keinen ausreichenden Platz mehr aufweist, verschiebt TeX das Gleitobjekt auf die folgende Seite und fährt auf der aktuellen Seite mit dem Fließtext fort. Voreingestellt kennt LaTeX zwei Arten von Gleitobjekten: Abbildungen ({figure}) und Tabellen ({table}). Ihre Anwendung erfolgt identisch:

```
\begin{figure}[Platzierung]        \begin{table}[Platzierung]
Code für die Abbildung                 Code für die Tabelle
\caption{Beschriftung}             \caption{Beschriftung}
\label{fig:Marke}                  \label{tab:Marke}
\end{figure}                       \end{table}
```

Diese Umgebungen erzeugen nur die logischen Strukturen für Abbildungen bzw. Tabellen, die Darstellung des Inhalts erfolgt als *Code für die Abbildung/Tabelle* durch andere Makros. Die Sternformen dieser Umgebungen, {figure*} und {table*}, erzeugen bei zweispaltigem Satz Gleitobjekte, die sich über beide Spalten erstrecken. Zur Abgrenzung vom umgebenden Text lassen sich Linien (oder anderes Satzmaterial) über- und unterhalb einfügen: \topfigrule, \botfigrule bzw. \dblfigrule für Abbildungen, \toptabrule, \bottabrule und \dbltabrule für Tabellen.

Wo auf einer Ausgabeseite TeX ein Gleitobjekt ausgeben darf, steuert der optionale Parameter [Platzierung]. Vier Möglichkeiten gibt es dabei: h steht für »hier«, was bewirkt, das TeX *versucht*, das Gleitobjekt möglichst dort auszugeben, wo es im Quelltext steht. t (top) und b (bottom) lassen Gleitobjekte nur oben bzw. unten auf Ausgabeseiten erscheinen, was normalerweise übersichtlicher ist. Mit p (page) »sammelt« TeX Gleitobjekte, bis sie zusammen auf einer eigenen Seite ausgegeben werden. Mehrere Möglichkeiten lassen sich kombinieren, h sollte *nur in Kombination* mit anderen Parametern verwendet werden. Die Dokumentenklassen stellen oft tbp vorab als Platzierung ein. Die Makros \fps@figure bzw. \fps@table enthalten die Angaben. Das Makropaket flafter verhindert, dass Gleitobjekte vor der ersten Referenz erscheinen, was sonst möglich ist.

\suppressfloats[*Positionen*] verbietet die Platzierung von Gleitobjekten an den angegebenen *Positionen* auf der Seite. Ohne optionales Argument erscheinen gar keine Gleitobjekte auf der aktuellen Seite.

Die genauen Regeln für die Ausgabe von Gleitobjekten sind recht komplex und basieren auf den unten beschriebenen Parametern. Falls *Platzierung* ein Ausrufezeichen enthält (etwa !h), setzt dies die Einschränkungen durch die voreingestellten Parameter außer Kraft und versucht so, die angeforderte Ausgabeposition zu erreichen.

bottomnumber
: Maximale Anzahl von Gleitobjekten unten auf einer Seite (1).

dbltopnumber
: Maximale Anzahl von Gleitobjekten oben auf einer zweispaltigen Seite (2).

topnumber
: Maximale Anzahl von Gleitobjekten oben auf einer Seite (1).

totalnumber
: Maximale Anzahl von Gleitobjekten auf Textseiten (3).

Längenvariablen für ein-/zweispaltige Seiten:

\abovecaptionskip
: Abstand oberhalb der \caption.

\belowcaptionskip
: Abstand unterhalb der Beschriftung.

`\floatsep`, `\dblfloatsep`
> Variable Länge zwischen oberem/unterem Rand und Gleitobjekten, `\dblfloatsep` für zweispaltige Seiten.

`\intextsep`
> Variable Länge vor und nach [h]-Gleitobjekten.

`\textfloatsep`
> Variable Länge zwischen Gleitobjekt und Text.

Maximale Seitenanteile für Gleitobjekte:

`\bottomfraction`
> Seitenanteil für Gleitobjekte am unteren Rand (0.3).

`\floatpagefraction`, `\dblfloatpagefraction`
> Mindestanteil einer Gleitobjektseite (0.5), für zweispaltige Seiten: `\dblfloatpagefraction`.

`\textfraction`, `\dbltextfloatsep`
> Minimaler Textanteil auf Seiten mit Gleitobjekten (0.2), für zweispaltige Seiten: `\dbltextfloatsep`.

`\topfraction`, `\dbltopfraction`
> Maximaler Seitenanteil für Gleitobjekte am oberen Rand von Textseiten (0.7), `\dbltopfraction` für zweispaltige Seiten.

Achtung: Gleitobjekte erscheinen *immer* in der Reihenfolge, in der sie im Quelltext definiert wurden. Falls eines zu groß ist oder sich aus anderen Gründen nicht ausgeben lässt, beeinflusst dies alle folgenden.

Die Beschriftung von Gleitobjekten erfolgt mit `\caption`. Das Auftreten dieses Makros vor oder nach dem *Code für die Abbildung/Tabelle* legt fest, ob die Beschriftung über oder unterhalb der Darstellung erscheint. Ein optionales Argument erlaubt die Aufnahme eines vom Beschriftungstext abweichenden Eintrags in das Abbildungs- bzw. Tabellenverzeichnis:

`\caption[`*Verzeichniseintrag*`]{`*Beschriftungstext*`}`

Die Formatierung des Beschriftungstexts lässt sich weitgehend steuern: Zunächst geben die Umgebungen `{table}` bzw. `{figure}` vor, welche Art von Gleitobjekt erzeugt wird. Dadurch erfährt \caption, welche Makros für die Formatierung der Beschriftung verwendet werden. Bei Abbildungen erzeugt \figurename die Beschriftung: »Abbildung«, bei Tabellen \tablename »Tabelle«, gefolgt von der Nummer (durch figure bzw. table). Voreingestellt erscheinen Label und Text in der gleichen Schrift.

Anmerkung: \caption ist (natürlich) nur für Gleitobjektumgebungen anwendbar. Manchmal erscheint es aber dennoch wünschenswert, nichtgleitendes Material analog zu einem Gleitobjekt zu formatieren. In diesem Fall erlaubt das Makropaket capt-of mit \captionof eine Beschriftung.

Dokumentenklassen wie die von KOMA-Script erlauben eine weitgehende Steuerung der Formatierung. So sind dort beispielsweise unterschiedliche Schriften für das Label (»Tabelle« bzw. »Abbildung«) und den folgenden Beschriftungstext möglich.

\label erlaubt wie üblich das Referenzieren von Gleitobjekten. Dieses Makro sollte nach \caption im Quelltext stehen.

Neue Gleitobjekte lassen sich mit dem Makropaket float erzeugen. Die Formatierung der Beschriftung erfolgt intern im Makro \@makecaption. Das Makropaket caption bzw. caption2 erlaubt zahlreiche Redefinitionen, so dass vielfältige Darstellungen möglich sind. Viele dieser Einstellungen unterstützen auch die KOMA-Script-Dokumentenklassen.

Was in vielen Fällen nicht möglich ist, sind Beschriftungen *neben* Gleitobjekten. In diesem Fall sollten *Code für die Abbildung/Tabelle* und \caption innerhalb von {minipage}-Umgebungen nebeneinander gesetzt werden.

Anmerkungen:

Auch Randbemerkungen (Marginalien) sind Gleitobjekte. Sollte TeX melden, dass die Anzahl zulässiger Gleitobjekte überschritten wurde, lässt sie sich durch das Laden von morefloat erhöhen.

\clearpage und \cleardoublepage geben alle momentan vorhandenen Gleitobjekte aus.

Das Makropaket here definiert einen Positionsparameter H (hier!), der eine unbedingte Platzierung erzwingt (was aber oft zu Problemen führt). Besser ist es meistens, mittels \afterpage aus dem gleichnamigen Makropaket das Gleitobjekt oder `\clearpage` rechtzeitig in den Quelltext einzufügen, wodurch es sicher auf der folgenden Seite ausgeben wird.

Mehrere `\caption`s sind innerhalb einer Gleitobjektumgebung möglich. Die Nummerierung erfolgt fortlaufend, wie bei einzelnen Gleitobjekten (desselben Typs).

Makropakete für Gleitobjekte

Zahlreiche Makropakete unterstützen den Anwender bei der Verwendung von Gleitobjekten. Ihre Features sind sehr weit gestreut, so dass hier nur einige wenige exemplarisch genannt werden.

hangcaption
: Erzeugt hängend eingezogene Beschriftungen.

sidecap
: Für Beschriftungen neben den Gleitobjekten.

multicap
: Für {`multicols`}-Beschriftungen.

nonfloat
: Wandelt Gleitobjekte in nichtgleitende Objekte um.

endfloat
: Bewirkt die Ausgabe aller Gleitobjekte am Dokumentenende.

captcont
: Erlaubt fortlaufende Beschriftungen, auch ohne Verzeichniseintrag.

topfloat
: Bewirkt, dass Gleitobjekte immer oben auf den Seiten erscheinen.

ccaption
: Enthält viele Erweiterungen für `\caption`.

fltpage

Setzt große Gleitobjekte gegenüber der Beschreibung.

rotfloat

Erlaubt große Gleitobjekte zu drehen. Das ist auch mit **rotating** möglich.

subfloat

Ermöglicht das Zusammenfassen und Beschriften mehrerer Gleitobjekte (als »Teilabbildungen«) in einem.

floatfig, wrapfig, parpic

Erlauben das Einbetten von Gleitobjekten in den Fließtext (also in Absätze).

morefloat

Erhöht die Anzahl zwischengespeicherter Gleitobjekte, was beim Einsatz vieler Marginalien oft nützlich ist.

Verweise und Verzeichnisse

Eng mit den Gleitobjekten verbunden sind Verweise und Verzeichnisse. Für Gleitobjekte und andere Strukturen kann LaTeX beides erstellen. In den meisten Fällen geschieht dies in spezielle Dateien.

Verweise

Verweise sind automatisch in der Ausgabe eingefügte Passagen, die auf zuvor markierte Strukturen verweisen, etwa als »Abbildung $x.y$« oder »Seite z«.

Um Verweise verwenden zu können, müssen die Zielstrukturen (auf die verwiesen wird) mit `\label` markiert worden sein:

`...\label{`*marke*`}...`

In diesem Beispiel setzt `\label` die unsichtbare Markierung *marke* in der »aktuellen Struktur«. Welche das ist, hängt vom Quelltext ab. Die meisten nummerierbaren Strukturen wie Abschnitte, Gleitobjekte, Listen usw. lassen sich so markieren. `\label`, die nicht innerhalb (oder unmittelbar hinter) dieser Umgebungen und Makros auftreten, erlauben immer noch den Verweis auf die (Ausgabe-)Seite, auf der das Makro auftrat.

Anmerkung: In manchen Situationen gibt es Probleme mit `\label`. Zum einen verursachen aktive Zeichen oder Makros innerhalb von *marke* Fehler, zum anderen soll dieses Makro nicht innerhalb von Argumenten auftreten, die mehr als einmal expandiert werden (da dies mehrfache, nicht mehr eindeutige Markierungen erzeugt). In diesem Fall muss \label unmittelbar nach dem zu referenzierenden Makro folgen, etwa so:

\caption{*Beschriftung*}\label{*marke*}

Ein weiteres Problem kann auftreten, wenn \label expandiert (und damit die Referenz erzeugt, bevor sie ausgegeben wird). In diesem Fall hilft es, \protect unmittelbar vor \label zu setzen.

Die Verwendung von Referenzen macht mehrfaches (mindestens zweimaliges) Kompilieren der Quelltexte erforderlich. LaTeX zeigt dies auf dem Terminal so an:

(Re)run to get references right.

Die Referenzmakros entscheiden darüber, *wie* ein \label referenziert wird. \ref{*marke*} erzeugt einen numerischen Verweis, fügt also die Abschnittsnummer, die Nummer des Listenpunkts oder der Abbildung bzw. Tabelle ein.

\pageref{*marke*} fügt immer die (Ausgabe-)Seitenzahl ein.

Mit dem Makropaket varioref lassen sich flexiblere Verweise erzeugen. \vref erzeugt Verweise der Form »*Nummer* auf Seite *Seitenzahl*«. Mit \vpageref und \vpagerange lassen sich Seitenzahlen bzw. -bereiche referenzieren. \fullref kombiniert die Ausgaben von Nummer und Seitenzahlen. Diesen Makros ist gemein, dass sie »erkennen«, wenn Referenz und Markierung auf derselben (Ausgabe-)Seite erscheinen. In diesem Fall wird die Seitenzahl automatisch durch einen Text (voreingestellt: »auf dieser Seite«) ersetzt.

Viele spezielle Makros aus dem Makropaket erlauben genaue Anpassungen an die Bedürfnisse des Anwenders. Die Originaldokumentation beschreibt die Möglichkeiten. Dort wird auch auf ein Manko dieser eingegangen: Es ist möglich, dass das Einfügen der Referenz die Position der Markierung so verschiebt, dass sie auf eine andere Seite »rutscht«, wodurch die Referenz falsch ist. Die einfachste Abhilfe ist es, die Markierung anders zu positionieren oder einen festen Seitenumbruch einzufügen.

Anmerkungen: There were unresolved references. weist auf fehlende *marke*n hin. There were multiply-defined labels zeigt an, dass *marke* mehrfach (und damit nicht mehr eindeutig) verwendet wurde.

Das Makropaket xr erlaubt, Referenzen auch auf andere LaTeX-Dokumente auszuweiten, sofern für diese .aux-Dateien verfügbar sind.

Verweise sind eigentlich für nummerierte Strukturen entwickelt worden. Wenn – wie hier – Abschnitte ohne Nummern erscheinen, erlaubt das Makropaket **titleref** mit dem Makro \titleref Referenzen. Die Formatierung lässt sich durch \theTitleReference anpassen, etwa so:

```
\renewcommand{\theTitleReference}[2]{#1\ \emph{#2}}
```

hyperref

Das Makropaket **hyperref** erzeugt Verweise für PDF-Ausgaben. Diese erlauben dann das Navigieren in einem PDF-Dokument und auch die Darstellung von URLs.

Das Paket **hyperref** wird wie üblich in der Dokumentenpräambel mittels \usepackage geladen. Da das Paket viele Makros redefiniert, soll es möglichst spät (am besten als letztes) geladen werden. Folgende Optionen unterstützt **hyperref**:

Treiber
hypertex, dvips (oder nativpdf, pdfmark, ps2pdf), dvipsone, tex4ht, pdftex, dvipdfm, dvipdfmx, dviwindo, vtex, xetex, textures.

Debugoptionen
draft (Features ausgeschaltet), final (Features aktiviert), debug (oder verbose): zusätzliche Meldungen.

Ausgabeformate
a4paper, a5paper, b5paper, letterpaper, legalpaper und executivepaper sowie setpagesize (eingestellte Mediengröße übernehmen).

implicit
(redefiniert Makros), hypertexnames, naturalnames.

Hypertext-Optionen

raiselinks (berücksichtigt Grafik-Links), breaklinks (Zeilen-umbrüche in Links erlauben), pageanchor (implizite Seitenanker), plainpages (Seitenanker mit Nummerierung), nesting (erlaubt verschachtelte Links).

extension (definiert Extension), hyperfigures, backref (erzeugt Backlinks in Literaturverzeichnissen), pagebackref (seitenorientierte Backlinks), hyperindex (Backlinks im Index), hyperfootnotes (Backlinks in Fußnoten), encap, linktocpage (verlinkt Seitenzahlen anstelle von Text in Verzeichnissen), colorlinks (erlaubt Farben für Links), linkcolor (definiert Linkfarben), anchorcolor (definiert Farben für Anker), citecolor (definiert Farben für Zitate), filecolor (definiert Farben für lokale Datei-URLs), menucolor (definiert Farben für PDF-Menüs), urlcolor (definiert Farben für URLs), frenchlinks (Links mit Kapitälchen).

PDF-Optionen

bookmarks (erzeugt Bookmarks), bookmarksopen (zeigt Bookmarks geöffnet), bookmarksopenlevel (definiert Ebene, bis zu der die Bookmarks geöffnet erscheinen), bookmarksnumbered (erzeugt nummerierte Bookmarks), bookmarkstype (Typ für Bookmarks), CJKbookmarks (CJK-Bookmarks), pdfhighlight (hebt Button hervor), citebordercolor (Randfarbe für Zitate), filebordercolor (Randfarbe für lokale Datei-URLs), linkbordercolor (Randfarbe für Links), menubordercolor (Randfarbe für Menüs), pdfborder (der Boxenstil für Links), pagebordercolor (Randfarbe für Seitenlinks), urlbordercolor (Randfarbe für URLs), runbordercolor (Randfarbe für Run-Links).

PDF-Dokumentenoptionen

baseurl (Basis-URL für das Dokument), pdfpagemode (Modus beim Start), pdfview (View für Links), pdfstartpage (Startseite), pdfstartview (View), pdfpagescrop (Crop-Box), pdfcenterwindow (Window-Position), pdfdirection (Direction), pdfdisplaydoctitle (alternativ angezeigter Dokumententitel), pdffitwindow (Anzeigeoption), pdfmenubar (zeigt Menü), pdfnewwindow (öffnet Links in neuen Fenstern), pdfpagelayout

(Anzeigelayout), `pdflabels` (Seitenlabel), `pdfpagetransition` (Überblendeffekte), `pdfviewarea`, `pdftoolbar` (zeigt Toolbar), `pdfviewclip`, `pdfwindowui` (zeigt User-Interface), `unicode` (UNICODE-Strings).

Druckoptionen
  `pdfduplex` (Duplexausgabe), `pdfnumcopies` (Mehrfachausgabe), `pdfprintarea` (Druckbereich der Seiten vorab einstellen), `pdfprintclip` (Druckbereich begrenzen), `pdfprintpagerange` (Druckseiten wählen), `pdfprintscaling` (Skalierung voreinstellen).

Die Felder in PDF-Dokumenten lassen sich ausfüllen: `pdftitle` (Dokumententitel), `pdfauthor` (Dokumentenautor), `pdfsubject` (Dokumentenbetreff), `pdfcreator` (Dokumentenersteller) oder `pdfproducer` (Dokumenten-Producer), `pdfkeywords` (Dokumentenschlüsselwörter), `pdflang` (Dokumentensprache).

Nicht alle Optionen lassen sich für alle Treiber nutzen.

hyperref sucht nach einer Konfigurationsdatei mit dem Namen `hyperref.cfg`, um Voreinstellungen zu laden.

Viele Einstellungen lassen sich mit \hypersetup in der Dokumentenpräambel einstellen:

```
\hypersetup{%
  colorlinks=true,    % farbige Referenzen
  pdfpagemode=None,   % Viewer normal starten
  ...}
```

Folgende weitere Makros lassen sich in den Dokumenten mit **hyperref** verwenden:

\href{*URL*}{*Text*}
  Macht aus *Text* einen Link zu *URL*.

\url{*URL*}
  Erzeugt automatisch einen Link entsprechend seinem Typ.

\nolinkurl{*URL*}
  Zeigt die *URL*, ohne einen Link zu erzeugen.

`\hyperbaseurl{`*URL*`}`

   Definiert *URL* als Basis-URL.

`\hyperimage{`*Grafik-URL*`}{`*Text*`}`

   Verwendet *Text* als Link zu *Grafik-URL*.

`\hyperdef{`*Kategorie*`}{`*Name*`}{`*Text*`}`

   Markiert *Text* als *Kategorie.Name*.

`\hyperref{`*URL*`}{`*Kategorie*`}{`*Name*`}{`*Text*`}`

   Erzeugt *Text* als Link: *URL#Kategorie.Name*.

`\hyperlink{`*Anker*`}{`*Text*`}`, `\hypertarget{`*Anker*`}{`*Text*`}`

   Erzeugt internen Link zwischen *Anker* und *Text*. Benötigt keine
   vollständige URL.

`\phantomsection`

   Erzeugt einen automatisch ermittelten Anker an der aktuellen
   Position.

`\autoref{`*Label*`}`

   Wird anstelle von `\ref` verwendet, zeigt auf das angegebenen *Label*.

`\pdfstringdef{`*macro*`}{`*TEX-Code*`}`

   Erzeugt `\macro`, mit dem angegebenen *TEX-Code*.

`\hypercalcbp{`*Länge*`}`

   Rechnet *Länge* in bp um, gibt das Ergebnis ohne Einheit aus.

`\Acrobatmenu{`*Menüoption*`}{`*Text*`}`

   Erzeugt Menüs für *Menüoption*-Button, bezeichnet durch *Text*.

Anmerkungen:

hyperref funktioniert nicht mit allen anderen Makropaketen zusammen. Manchmal hilft es, die Reihenfolge eingebundener Makropakete zu verändern.

Verzeichnisse

Verzeichnisse sammeln Referenzen in speziellen Listen, die an beliebiger Stelle in einem Dokument erscheinen können. Die wichtigsten Verzeichnisse sind:

Inhaltsverzeichnis

Dieses enthält die mit den Gliederungsbefehlen dargestellten Überschriften, *sofern nicht im optionalen Argument abweichende Einträge definiert wurden*. Sonst erscheinen diese. Das Makro `\tableofcontents` erzeugt das voreingestellte Inhaltsverzeichnis. Eine Datei mit der Extension `.toc` enthält die zwischengespeicherten Einträge. Diese Datei liest LaTeX ein und schreibt sie am Ende der Übersetzung neu.

`\contentsname` enthält die Überschrift für das Inhaltsverzeichnis. (n)german redefinieren dieses Makro.

Abbildungs-/Tabellenverzeichnis

Das Tabellen- bzw. Abbildungsverzeichnis enthält die durch `\caption` gesetzten Beschriftungen. Sie werden in einer Datei mit der Extension `.lof` (list of figures) bzw. `.lot` (list of tables) zwischengespeichert. `\listoffigures` bzw. `\listoftables` erzeugt die entsprechenden Verzeichnisse. `\listfigurename` bzw. `\listtablename` enthält die entsprechenden Überschriften.

Literaturverzeichnis

Ein Literaturverzeichnis ist eine Sonderform des Verzeichnisses, da die referenzierten Einträge nicht unbedingt innerhalb des Dokuments bekannt sein müssen. Sie können aus so genannten Literaturdatenbanken stammen und werden bei Bedarf (wenn sie innerhalb des Dokuments referenziert wurden) in eine LaTeX-kompatible Form extrahiert.

BibTeX wird dabei für die Datenbankextraktion eingesetzt. Unten wird der grundsätzliche Umgang mit Literaturverweisen beschrieben.

Stichwortverzeichnis/Glossar

Ebenfalls besondere Verzeichnisse sind der Index (Stichwortverzeichnis) oder ein Glossar. Diese enthalten normalerweise alphabetisch sortierte Einträge, die beim Stichwortverzeichnis als kurze, mehrspaltige Absätze formatiert werden. Die unsortierten Einträge schreibt LaTeX in eine Datei mit der Extension `.idx`. Die alphabetische Sortierung erfolgt normalerweise mit externen Programmen wie `makeindex` oder `xindy` (bzw. `texindy`) und wird in eine Datei mit der Extension `.ind` geschrieben. Das Programm fasst die Seitenzahlen lexikalisch identischer Einträge zusammen und sortiert sie alphabetisch, siehe unten.

Ein Glossar unterstützt LaTeX nur rudimentär. `\makeglossary` erzeugt zwar die Einträge, eine fertige Umgebung zu deren Darstellung gibt es aber voreingestellt nicht.

Im Prinzip erlaubt LaTeX beliebige weitere Verzeichnisse.

Mit `\addtocontents` ist es möglich, zusätzlichen Code (ohne Seitenzahlen, also keine Einträge) in die Verzeichnisdateien zu schreiben. Damit lassen sich etwa Formatanweisungen für die Darstellung ergänzen.

`\addcontentsline{`*Extension*`}{`*Typ*`}{`*Eintrag*`}` erlaubt, zusätzliche Einträge in Verzeichnisse aufzunehmen. Dieses Makro erzeugt die gleichen Daten, wie etwa die Gliederungsbefehle oder `\caption`. *Extension* bestimmt die Datei für den *Eintrag* vom angegebenen *Typ*.

Anmerkung: Der Zähler `secnumdepth` steuert die Anzahl der Gliederungsebenen, die LaTeX nummeriert. `tocdepth` (siehe Tabelle 1 auf Seite 30) steuert die Nummerierung im Inhaltsverzeichnis.

Makropakete wie `minitoc` oder `\shorttoc` erlauben, mehrere (Inhalts-)Verzeichnisse in einem Dokument einzusetzen.

`multitoc`, `toxvsec2` und andere Makropakete ermöglichen die Darstellung von (Inhalts-)Verzeichnissen zu verändern.

Literaturverzeichnisse

Ein Literaturverzeichnis enthält eine Liste von Quellen, auf die in Fließtext verwiesen wird. Das Verzeichnis ist als Liste in der Umgebung `{thebibliography}` konzipiert. Diese Umgebung können Anwender manuell erstellen und in ihren Quelltext (eventuell als externe Datei) einbinden. Die Syntax ist einfach:

```
\begin{thebibliography}{Mustermarke}
\bibitem[Label]{Quellenmarke} Quelleneintrag
...
\end{thebibliography}
```

Den als *Mustermarke* enthaltenen Text verwendet LaTeX, um die Einrückungstiefe in der Liste zu bestimmen. Bei numerischen Labeln werden normalerweise mindestens so viele Ziffern angegeben, wie der höchste Eintrag benötigt, also etwa 99.

`\bibitem` erzeugt einen Quelleneintrag. Seine Referenzdarstellung in der Ausgabe bestimmt *Label* (und ist beliebig), die logische Zuordnung erfolgt über die *Quellenmarke* (dies entspricht damit dem Argument von `\label`). Hier sind weder aktive noch Sonderzeichen oder Makros erlaubt. Innerhalb der Einträge sollten die Elemente durch `\newblock` getrennt werden.

Die Dokumentenklassenoption `openbib` steuert die Wirkung von `\bibindent` (zusätzlicher Einzug im Literaturverzeichnis).

Externe Literaturverzeichnisse

Um Literaturverzeichnisse aus externen Datenbanken zu extrahieren, wird in der Dokumentenpräambel `\bibliography` als Argument der Name der entsprechenden Datenbanken (`.bbl`-Files, als durch Kommata getrennte Liste) übergeben. Mit dem Makro `\bibliographystyle` lässt sich der Stil der erzeugten Datenbanken auswählen. Voreingestellt unterstützt LaTeX die Datenbankstile `plain`, `abbrv`, `alpha`, `apalike`, `ieeetr`, `siam` und `unsrt`. *Viele* weitere Stile für die unterschiedlichsten Anwendungen stehen auf den CTAN-Servern unter `BibTeX/bst` zur Verfügung.

Literaturquellen zitieren

Im Fließtext zitiert `\cite{Quellenmarke}` eine in der Umgebung `{thebibliography}` definierte Quelle. Dabei fügt das Makro das dort angegebene *Label* ein.

Mit `\nocite` lassen sich unsichtbare Literaturzitate einfügen, was notwendig ist, um auch unzitierte Quellenangaben aus einer externen Literaturdatenbank zu extrahieren. `\nocite{*}` bewirkt, dass alle Einträge der Literaturdatenbank übernommen werden.

Stichwortverzeichnis (Index)

Ein Index enthält mittels \index unsichtbar im Fließtext markierte Stichwörter. LaTeX schreibt sie in der Reihenfolge ihres Auftretens in eine Datei mit der Extension .idx. Dabei ist es möglich, Stichwörter mit einer von der lexikalischen Form abweichenden Darstellung anzugeben, etwa um Problemen mit Umlauten aus dem Weg zu gehen. Voreingestellt wird ein Eintrag in der Form \index{*lexikalischer Eintrag@dargestellter Eintrag*} sortiert als *lexikalischer Eintrag*, ausgegeben wird aber *dargestellter Eintrag*.

Vier Zeichen haben in Stichwörtern voreingestellte Funktionen:

@
> Trennt lexikalischen von dargestelltem Eintrag.

!
> Wechselt die Indexebene um eine Stufe nach unten.
>
> LaTeX unterstützt bis zu drei Ebenen von Indexeinträgen. Untereinträge erscheinen im Index eingerückt.

|*Befehl*
> Für Befehle in Indexeinträgen. Dies wird normalerweise zur Formatierung von Seitenzahlen verwendet. Typisch sind diese Makros: |see (\see) für Verweise im Index, |(und |) für Seitenbereiche oder |textbf (entspricht \textbf) für fette Seitenzahlen.

"
> Maskiert das folgende (Index-)Sonderzeichen.

\makeindex in der Dokumentenpräambel aktiviert das Schreiben der (unsortierten) Indexdatei.

makeindex oder xindy (bzw. texindy) sortieren die (unsortierte) Indexdatei und erzeugen eine sortierte Indexdatei:

$ makeindex -g -s *Indexstil* *(unsortierte) Indexdatei*

Die Option -s erlaubt die Verwendung einer speziellen Indexstildatei, in der das genaue Aussehen des Stichwortverzeichnisses festgelegt werden kann. Dort lassen sich auch die Indexsonderzeichen anhand von Schlüsselwörtern neu (anders) zuordnen, was manchmal sinnvoll ist.

```
keyword "\\indexentry"
actual '='
quote '!'
level '>'
item_x1    "\\efill \n \\subitem "
item_x2    "\\ "
delim_0    "\\pfill "
delim_1    "\\pfill "
delim_2    "\\pfill "
heading_prefix    "\\goodbreak{\\sffamily\\bfseries "
heading_suffix    "}\\nopagebreak\n"
heading_suffix    "\\hfill}\\nopagebreak\n"
headings_flag        1
symhead_positive ""
numhead_positive ""
preamble
"\\def\\kg" % removes Symbol-Head
postamble
""
```

Abbildung 4: Beispiel für eine modifizierte Indexstildatei

\printindex fügt dann die sortierte Indexdatei (deren Dateiname ist voreingestellt mit \jobname.ind) in das Dokument ein. Die dabei verwendete Umgebung {theindex} muss in der Dokumentenklasse oder einem Makropaket definiert sein. Dort sollten auch alle weiteren im sortierten Index verwendeten Makros bereitgestellt werden, etwa \pfill oder \subitem.

Anmerkung: [1] beschreibt den Einsatz von texindy.

Diverses

Dokumentenorganisation

Umfangreiche Dokumente lassen sich mit LaTeX in mehrere (beliebig viele) Dateien aufteilen. Eine »Master-« oder »Main-«Datei importiert dann die gewünschten Teile. Zwei Makros steuern dies:

\input{*Datei*} fügt *Datei* (oder *Datei*.tex) dort in den Quelltext ein, wo dieser Befehl auftritt. Sie wird entlang des in der Umgebungsvariablen (typisch: $TEXINPUT) definierten Pfades gesucht, zunächst aber im aktuellen Verzeichnis. Es gibt mehrere Varianten des Makros, z. B. \InputIfFileExists, die erweiterte Möglichkeiten zum Einbinden externer Dateien bieten.

\include{*Datei*} wirkt wie \input, ist aber für das Einbinden von Kapiteln vorgesehen. Daher führt das Makro zunächst einen Seitenumbruch mittels \clearpage durch, bevor der Inhalt der eingebetteten *Datei* gesetzt wird. Vorteil: Damit lassen sich Teildokumente (weitgehend) unabhängig voneinander formatieren. Das Makro Cincludeonly{*Datei1*,...} erlaubt in der Dokumentenpräambel nur die bei der aktuellen Übersetzung benötigten Teile auszuwählen. LaTeX-Variablen der nicht ausgewählten Teile werden dabei aus der vorherigen Übersetzung übernommen (sind daher aber nicht mehr unbedingt aktuell!). Das Makropaket **askinclude** enthält eine interaktive Möglichkeit zur Auswahl einzubindender Quelltextteile.

Makropakete wie **verbatim** erlauben, externe Dateien (oder Teile davon) »verbatim« (oder nach einer Bearbeitung) einzubinden.

Versionen eines Dokuments

Eine Besonderheit von LaTeX ist die Möglichkeit, mehrere Versionen eines Dokuments (dauerhaft) zu verwenden. Zum einen ist es natürlich möglich, mittels Versionsmanagementsystemen (RCS, CVS, subversion usw.) die Quelltexte zu verwalten. Makropakete wie **rcs** und andere sind in der Lage, die Versionsinformationen auszuwerten und darzustellen.

Noch weiter gehen Pakete wie **version**. Sie erlauben, Teile von Dokumenten nur bei Bedarf (gesteuert von Makros) einzubinden und so etwa in einem Quelltext eine Lang- und eine Kurzvariante eines Texts gleichzeitig zu schreiben.

pdfpages

Ein anderes wichtiges Makropaket zur Bearbeitung von PDF-Dokumenten ist **pdfpages**. Es ermöglicht das Einbinden externer PDF-Dokumente (oder Teilen davon), in den unterschiedlichsten Formen. Beim Laden des Pakets gibt es neben den üblichen Optionen `draft` und `final` mit `enable-surey` noch die Möglichkeit, experimentelle Erweiterungen zu aktivieren. Das wichtigste Makro ist `\includepdf`, es lädt (Teile von) PDF-Dokumenten.

`\includepdf[`*Schlüssel=Wert*`]{`*PDF-Dokument*`}`

PDF-Dokument ist die einzubindende PDF-Datei. Optionen werden in der Form *Schlüssel=Wert* angegeben. Folgende Optionen unterstützt das Paket:

`pages=`*Seiten*
  Bindet die angegebenen *Seiten* ein. Mehrere Seiten lassen sich als Liste (durch Kommata getrennt) oder als Bereich (*Anfang-Ende*) definieren. Fehlende Angaben werden als erste bzw. letzte Seite interpretiert. {} fügt eine Leerseite in die Ausgabe ein - steht für *alle Seiten*. `last-1` steht für »alle Seiten in umgekehrter Reihenfolge«.

nup=*h*x*v*

> Beschreibt das bei der Ausgabe verwendete Layout. *h*x*v* setzt *h* Seiten in *v* Zeilen auf jeder Ausgabeseite.

landscape

> Rotiert die Ausgabeseite um 90 Grad. Logische Seiten rotieren dabei *nicht* mit.

delta=*x y*

> Fügt den Abstand zwischen den eingebundenen Seiten horizontal (*x*) und vertikal (*y*) ein.

offset=*x y*

> Versetzt die eingebundenen Seiten horizontal (*x*) und vertikal (*y*) zu ihren Referenzpunkten.

column

> Ordnet eingebundene Seiten spalten- statt zeilenweise an. columnstrict steuert, wo die letzte Seite erscheint.

openright

> Fügt eine Leerseite vor der ersten Ausgabeseite ein.

pagecommand=*Befehl*

> Das ist eine der wichtigsten Optionen. Sie ermöglicht es, LaTeX-Makros auf die eingebundenen Seiten anzuwenden. Damit lässt sich zusätzliches Satzmaterial (Über-/Unterschriften) definieren. Voreingestellt löscht es durch \thispagestyle={empty} Kopf- und Fußzeilen der Ausgabeseiten.

turn

> Rotiert eingebundene Seiten um 90 Grad.

noautoscale

> Verhindert das voreingestellte automatische Skalieren eingebundener Seiten. Dann lässt sich die Größe manuell mit scale=*Faktor* einstellen.

fitpaper

> Skaliert eingebundene Seiten so, dass sie der Ausgabeseite entsprechen.

signature=*Seiten*

Erzeugt automatisch Booklets. *Seiten* muss ein Vielfaches von 4 sein. Die Sternform `signature*` ermöglicht rechts-gebundene Booklets.

picturecommand=*Grafikmakros*

Führt die angegebenen *Grafikmakros* auf die in einer `{picture}`-Umgebung eingebundenen Seiten aus. (Referenzpunkt ist die linke untere Ecke.) Die Sternform `picturecommand*` wirkt nur auf die ersten Seiten.

pagetemplate=*Seitenzahl*

Voreingestellt wird die erste eingebundene Seite zur Berechnung bei der automatischen Skalierung verwendet. Diese Option erlaubt eine andere Seite zu nutzen.

rotateoversize

Erlaubt übergroße Seiten zu rotieren. Ohne diese Option werden sie nur skaliert.

doublepages

Fügt Seiten doppelt ein. Für eine effektive Ausgabe bei einer geraden Anzahl von Ausdrucken doppelseitiger Dokumente. `doublepagestwist` rotiert die zweite Seite. Die Sternform ist für doppelseitige Ausgaben gedacht. `doublepagestwistodd` bewirkt, dass Schnittkanten immer außen liegen. Die Sternform ist für doppelseitige Ausgaben gedacht.

lastpage=*Seitenzahl*

Definiert im DVI-Modus die letzte Seite eingebundener Dokumente.

link

Fügt Seiten als Hyperlinks ein. In diesem Fall darf die Extension der PDF-Datei nicht fehlen.

linkname=*Name*

Erzeugt Links der Form *Name.Seitenzahl*.

thread

Macht aus eingefügten Seiten einen Thread.

`threadname=`*Name*

Definiert einen Threadnamen. Voreingestellt sind Threadnamen in der Form: `threadname=`*PDF-Datei.Extension*.

`linktodoc`

Fügt Seiten als Hyperlinks zu dem Originaldokument ein.

`linkfit`

Steuert das Einbinden von Seiten mit `link`. `linktodocfit` und `newwindow` steuern den View-Modus.

`linkfilename=`*URL*

Definiert die URL für `linktodoc`.

`addtotoc={`*Seite,Section,Level,Titel,Label*`}`

Erzeugt aus den Angaben einen (durch *Label* referenzierbaren) Eintrag in das Inhaltsverzeichnis.

`xr-prefix=`*Prefix*

Erlaubt die Definition eines *Prefix*, wie dies `\externaldocument` aus dem Paket `xr` als optionales Argument verwendet.

Global lassen sich Optionen mittels `\includepdfset{`*Optionen*`}` voreinstellen. Angaben im optionalen Argument von `\includepdf` erlauben diese Einstellungen zu verändern.

Eine Alternative zu `\includepdf` ist `\includepdfmerge`. Das Makro verfügt über die gleichen Argumente, kann aber (Teile aus) mehreren PDF-Dateien zusammenbinden. Dazu wird die im obligatorischen Argument angegebene Datei um den gewünschten Seitenbereich ergänzt:

`\includepdfmerge[`*Optionen*`]{`*Datei,Seitenbereich,...*`}`

Makros und Umgebungen definieren

Einer der besonderen Vorteile von TEX und LATEX sind die Möglichkeiten, neue Makros zu definieren. Dies ist normalerweise an jeder beliebigen Stelle im Quelltext möglich, sollte aber aus Gründen der besseren Übersichtlichkeit nur in der Dokumentenpräambel erfolgen.

Neue Makros erzeugen

Die einfachsten (und zugleich leistungsfähigsten) Möglichkeiten bietet der primitive TeX-Befehl \def:

\def*makro*#1...{*Code*}

\def erzeugt das neue *makro* mit der Definition *Code*, auch wenn schon ein gleichnamiges Makro besteht (dessen Definition dabei verloren geht). Daher sollte von dieser Möglichkeit nur dann Gebrauch gemacht werden, wenn die besonderen Features wie etwa begrenzte Parameter genutzt werden sollen.

LaTeX bietet mit den folgenden Makros leichter (und sicherer) anzuwendende Möglichkeiten. Folgenden Befehlen ist gemeinsam, dass sie das Vorhandensein bestehender (gleichnamiger) Makros prüfen, mittels \protect »sicherere« *makro*s erzeugen und erlauben, ein (erstes) optionales Argument zu verarbeiten, dessen Voreinstellung der Parameter [*Default*] enthält. [*Anzahl*] enthält die Anzahl der Argumente des neuen Makros, maximal neun sind möglich.

Voreingestellt erzeugen diese Befehle Makros, deren Argumente Absätze enthalten können (also »\long« sind). Es existiert jedoch immer auch eine Sternform, die dies nicht erlaubt. Sie sollte wenn möglich verwendet werden, um später Fehler in den neuen Makros besser eingrenzen zu können.

\newcommand{*makro*}[*Anzahl*][*Default*]{*Code*}
> Erzeugt das neue *makro* mit dem angegebenen *Code*. Gibt einen Fehler aus, falls schon ein gleichnamiges Makro existiert.

\renewcommand{*makro*}[*Anzahl*][*Default*]{*Code*}
> Erzeugt *makro*, aber nur, wenn es schon ein gleichnamiges Makro gibt, sonst wird eine Fehlermeldung ausgegeben.

\providecommand{*makro*}[*Anzahl*][*Default*]{*Code*}
> Erzeugt *makro*, falls es noch kein gleichnamiges Makro gibt, sonst bleibt dieses erhalten.

Anmerkung: Es gibt weitere (spezielle) Möglichkeiten, neue Makros zu erzeugen, etwa mit \DeclareOldFontCommand oder durch \DeclareRobustCommand usw., die allerdings für die Entwicklung von Dokumentenklassen vorgesehen sind und nur dort verwendet werden sollten.

Neue Umgebungen erzeugen

Eine Umgebung besteht intern aus zwei Makros \umgebung und \endumgebung, wovon das erste Argumente verarbeiten kann.

Im Prinzip ist es möglich (und manchmal sinnvoll), Umgebungen in dieser Form zu definieren. Einfacher ist allerdings die Verwendung spezieller LaTeX-Befehle:

\newenvironment{*umg.*}[*Anz.*][*Def.*]{*begin-Code*}{*end-Code*}
> Erzeugt die neue {*umg.*} mit *begin-Code* am Anfang – eventuell mit den (optionalen) Argumenten – und *end-Code* am Ende. Erzeugt Fehler, falls schon gleichnamige Makros existieren.

\renewenvironment{*umg.*}[*Anz.*][*Def.*]{*begin-Code*}{*end-Code*}
> Redefiniert bereits bestehende Umgebungen.

Ein- und Ausgaben

Wie alle Programmiersprachen ist auch LaTeX in der Lage, bei Bedarf Informationen anzuzeigen und interaktive Eingaben auszuwerten. Eine Reihe von Makropaketen nutzen diese Möglichkeit.

Text lässt sich auf dem Terminal durch \message (TeX-Befehl) oder \typeout ausgeben. Eine Ausgabe in eine Datei ist mittels \write (TeX-Befehl) möglich, wobei \immediate für eine sofortige Ausgabe (und nicht erst bei der Formatierung der Ausgabeseite) sorgt. Eine Sonderform stellt dabei \write18 dar, mit dem sich auf dem Terminal Programme starten lassen.

LaTeX bietet mit der Umgebung {filecontents}{*Ausgabedatei*} eine einfache Möglichkeit, Quelltextpassagen in eine externe Datei zu schreiben, um sie später erneut einzulesen oder anderweitig zu verwenden. Dies ist in der Standardform nur *vor* dem Befehl \documentclass möglich. {filecontents*} wirkt analog, enthält aber die voreingestellt vorhandenen Headerzeilen *nicht*. Das gleichnamige Makropaket (filecontents) redefiniert die Umgebung so, dass sie sich auch innerhalb des Dokuments einsetzen lässt.

\typein dient zur interaktiven Eingabe (vom Terminal). Die Antwort wird in einem Antwortmakro (voreingestellt \@typein gespeichert).

Kontrollstrukturen

TeX kennt eine Reihe von Kontrollstrukturen, mit denen sich Entscheidungen aufgrund bestimmter Situationen (Eingaben, definierte Makros, vorhandene Dateien usw.) automatisch treffen lassen. Normalerweise sind diese nur in Makrodefinitionen sinnvoll.

\ifcase	unterscheidet Groß-/Kleinbuchstaben
\ifcat	unterscheidet Kategoriecodes (»catcodes«)
\ifdim	vergleicht zwei Dimensionen (Längen)
\ifeof	erkennt das Datei-/Eingabeende
\iffalse	wertet logische Schalter aus
\ifhbox	erkennt \hboxen
\ifhmode	erkennt horizontalen Mathematikmodus
\ifinner	erkennt »inner«-Modus
\ifmmode	erkennt Mathematikmodus
\ifnum	vergleicht zwei Ganzzahl(variabl)en
\ifodd	erkennt ungerade Ganzzahl(variabl)en
\iftrue	wertet logische Schalter aus
\ifvbox	erkennt \vboxen
\ifvmode	erkennt vertikalen Modus
\ifvoid	erkennt »void«-Boxen
\ifx	vergleicht zwei expandierte Token
\if	vergleicht zwei Token

Tabelle 19: Kontrollstrukturen von TeX

`\ifnumber`	Größen-/Zahlenvergleich
`\ifthenelse`	Verzweigung
`\whiledo`	Schleife
`\isodd`	erkennt ungerade Zahlen
`\lengthtest`	vergleicht Längen
`\IfFileExists`	Aktion, abhängig von Datei
`\isundefined`	Aktion bei nicht definierten Makros
`\ifthispageodd`	erkennt ungerade Ausgabeseiten

Tabelle 20: Kontrollstrukturen von LaTeX

Literaturverzeichnis

[1] Karsten Günther: *KOMA-Script kurz und gut*, O'Reilly 2008, ISBN: 978-3-89721-545-0.

[2] Karsten Günther: *Praxiswissen LaTeX*, O'Reilly 2008

[3] Anselm Lingnau: *LaTeX-Hacks*, O'Reilly 2007, ISBN: 978-3-89721-477-4

[4] Michel Goossens, Frank Mittelbach, Sebastian Rahtz und Alexander Samarin: *The LaTeX Companion* erschienen bei Addison-Wesley, ISBN: 0-201-36299-6

Index